记者的梦想与实训

JIZHE DE
MENGXIANG YU SHIXUN

龙超凡◎著

海峡出版发行集团 | 福建人民出版社
THE STRAITS PUBLISHING & DISTRIBUTING GROUP | FUJIAN PEOPLE'S PUBLISHING HOUSE

图书在版编目（CIP）数据

记者的梦想与实训/龙超凡著．--福州：
福建人民出版社，2014.8（2019.7重印）
ISBN 978-7-211-06982-8

Ⅰ．①记…　Ⅱ．①龙…　Ⅲ．①新闻工作　Ⅳ．①G21

中国版本图书馆CIP数据核字（2014）第158474号

记者的梦想与实训
JIZHE DE MENGXIANG YU SHIXUN

编　　著： 龙超凡
责任编辑： 余祥草
出版发行： 福建人民出版社　　**电　　话：** 0591-87533169(发行部)
网　　址： http://www.fjpph.com　　**电子邮箱：** fjpph7211@126.com
微　　博： http://weibo.com/fjpph
地　　址： 福州市东水路76号　　**邮政编码：** 350001
经　　销： 福建新华发行（集团）有限责任公司
印　　刷： 福州万达印刷有限公司
地　　址： 福州市仓山区金山大道618号桔园洲工业园19号楼　　**邮政编码：** 350002
开　　本： 700毫米×1000毫米　1/16
印　　张： 15.5
字　　数： 230千字
版　　次： 2014年8月第1版　　2019年7月第2次印刷
书　　号： ISBN 978-7-211-06982-8
定　　价： 32.00元

目　录

第一章　追梦聊天室

第二章　实习练兵场

第三章　新闻会客厅

第四章　采访故事汇

偶然（代序）[①]

人生中有些事情似乎是冥冥之中已注定，比如注定让你在某个场合，认识某个人，一起经历某件事儿，这或许就是所谓的“缘分”。“缘分”真是一件悬乎的事情，你见不着，也摸不着，但它或隐或现地存在着。说它悬乎，它真的很悬乎，因为只要少了组成这个“缘分”中的任何一个偶然，“缘分”或许就不复存在。

我选择了记者这个职业，便纯粹是一个偶然。

一

上大学前，我并没有亲眼见过记者，更是做梦也没想过会从事记者这个职业。如果说我对记者这个工作有些向往或羡慕，可能缘于两件事情：第一，某青年期刊刊载了该刊记者如何走访辍学贫困家庭，如何让孩子重返“学堂”。第二，我所就读高中学校借高考之机乱收费，学生们怨声载道，据说武汉一家媒体记者前来采访，结果第二天学校就把多收的钱退到了我们手中。

依稀记得，听说记者来学校采访的那天，我特别想前往“凑热闹”，想一睹记者“芳容”。可惜，记者早走了，我也就没看成记者究竟长个啥样。

当然，我也没有因此而奢望成为一名记者，在我心目中记者是了不起的人，记者这个职业高不可攀。人该有自知之明，该清楚自己有几斤几两。更何况，我的起点是一个农村孩子。

从小，我常听到亲戚们念叨当老师好，理由很简单：老师这个职业受人尊敬不说，而且风吹不着，雨也淋不着，收入比较稳定。受此熏陶，我给自己的定位也就是当一名教师。于是，高考那年，我的高考志

---

① 本文系作者在福建农林大学的讲演《善缘·机缘·随缘》，略有删节。

愿填报的是清一色的师范专业，第一志愿便是一所部属师范大学。

本一批高校录取那天，我迫不及待地读了当天的报纸，当看到那所部属师范大学的投档线比我的高考分数低 6 分后，我想应该被录取了，内心说不出的舒畅。可是，当在网上查询录取情况时，我惊呆了，怎么也不相信自己的眼睛，屏幕上分明显示着录取我的是第二志愿湖北大学。

这个真实的玩笑，便是注定我做记者的第一个偶然。

二

进入大学后便是军训，整个湖大教育学院新生编成一个排，由三四个教官负责军训。休息时，我才大开眼界，新生中能歌善舞者比比皆是，有的吹奏着我过去都没听说过的乐器。这些“身怀绝技”者很快便受到了教官和辅导员的青睐，而“资质平庸”者最多只是跑龙套而已。

我会什么呢？我啥特长也没有。一天天的军训，让我明白了天外有天，人外有人，自卑情绪在心里悄悄发芽。

某天，公共事业管理专业 2000 级学生吴新林到寝室与我们闲谈，并鼓励我们给学院军训简报投稿。我寻思过去自己的作文经常被语文教师当作范文在班上念，也获过国家级作文奖，便怀着试试的心理投稿了，结果意外的见报了。

或许，就凭借这个小稿，让班主任和同学们对我有了一些印象，我顺利选上了班级宣传委员，好歹混上了个“一官半职”。不久，我报名参加竞选学院学生会干事，但以失败而告终。于是，我又“转战”学生社团，加入了教育学院负责管理的心理卫生协会。

那时，社团究竟是做什么的，心理卫生协会主要做些什么，我几乎是一无所知。但幸运的是，吴新林、姚延琴等社团负责人对我很赏识，不到一个学期便提拔我当社团宣传部长。很快，我便感觉肩上的担子不轻，既要负责策划组织活动，又要做好活动的宣传报道。一个特别棘手的问题摆在我面前：协会会员几乎都是新生，活动热情都很高，但会写新闻报道的人却没有。咋办？

“七分做，三分说。”社团负责人提醒我说，社团活动做得好固然重要，但参与活动的人毕竟是少数，因此一定要做好活动的宣传报道，否则效果会大打折扣。

无奈之下，我只好赶鸭子上架，亲自操刀写报道。说来可笑，我提笔时连什么是新闻都不知道，只是仿照校报上的相关活动报道而“依葫芦画瓢”。

与此同时，吴新林给我介绍了教育学院的两位“名记”：一位是谷岳飞，长期在社会媒体实习，呆在学校的时间很少，可谓神龙见首不见尾；一位是雷学平，是校报主力之一，大作频频在校报刊发。于是，我便频频拿着我的“小作”奔向雷学平的寝室，向其虚心求教。令我感激不尽的是，雷学平总能放下手中的事情，对我的每一篇稿件都给予了认真指点和修改。

记得那时，我没有电脑，也不会用电脑，写稿都是用笔写在信纸上，边写边修改，写完后再誊抄一遍。可是，在誊抄的时候，我总觉得这里或那里不满意，便又涂改了，于是再誊抄。一篇稿子，至少也得在纸上折腾个四五遍。我曾想：如果不是虚心求教，雷学平会倾心指点我吗？

这个被迫的“提笔”，便是注定我做记者的第二个偶然。

三

大一寒假前夕，班级好友邓中元拉我去参加一个在校内举行的寒假兼职招聘会。有一个学生记者在现场采访，却没人愿意接受采访。念及“与人方便就是与己方便”，我便积极配合他的采访。不料，我们交谈之下挺投缘，深交由此拉开序幕。

这个学生记者叫石猛，中文系 2001 级学生，任校报记者，已经在校内外发表了不少稿件。他对我说，武汉市几家媒体跑教育的记者经常跟他联系，希望他多投稿。石猛夸口说，一些媒体记者若来学校，必定会请他吃饭。

2003 年春，石猛由于更倾向于给社会媒体写新闻稿，便决定离开校报记者团。辞职那天，他特意把我带到记者团，郑重推荐我加入记者团。由此，我凭借关系轻而易举地“混”进了校报记者团。

没多久，我便弄明白了记者团是咋回事儿，这是一个学生记者练就十八般武艺的好平台。然而，平台再好，终须自身有作为。事实上，记者团不乏新闻爱好者，他们经常聚集在一起探讨新闻采写业务，承担一个又一个采访选题的采写任务，争相在校报上发表新闻稿件。但也有一些学生是冲着学生记者这个光环加入的，他们在乎的是学校党委宣传部发放的采访证，并不在乎发稿不发稿。起初开例会时，这些人来露个脸儿，一段时间后便消失得无影无踪，也渐渐被大家所遗忘。

说记者团是一个好平台，诚然不假，不仅有一群学生记者定期聚在一起“切磋武艺”，而且可以经常到校报编辑面前晃悠晃悠，混个脸熟。这样一来，当稿件质量尚可，校报编辑再给个“恩典”，稿件就变成了铅字。

我第二次进记者团开例会时，便主动申请接了一个硬活。当时团长安排来自新闻系的学生记者朱莹莹和我一起采访。采访后写成了一篇两千字左右的文章。文章见报后，反响甚好，相关单位也十分满意，团长在例会上表扬了我们。我听了也很高兴，在新闻采写方面似乎有使不完的劲儿。

后来，校报上经常刊登我采写的新闻，大抵是教育学院的相关工作。通过这些练笔，我初步掌握了校报式新闻写作的基本技巧。

这个邂逅，便是注定我做记者的第三个偶然。

四

石猛的夸口，不久便兑现。

大二上学期的某一天，石猛兴冲冲地打电话给我，称《楚天都市报》记者向勇来学校了，相约一起吃个便饭。见面后，石猛着实把我表扬了一番，旨在让向勇对我“高看一眼”。我对向勇的印象也挺好，有亲和力，没有耍大牌。那顿饭吃得比较简单，却很愉快。如果我没记错，这是我第一次见到“活记者”。

不久，石猛给了我一个挺好写的新闻线索，我写好后立即发给他斧正，结果这则消息在 2003 年 10 月 30 日《楚天都市报》上刊载，引题和主题分别是：“高校寝室禁止男女互访”“能否建立异性会客室?”

这便是我第一次在社会媒体露脸。当天，石猛提醒我稿件见报后要做两件事情：第一，要买两份报纸，一份保存一份裁剪复印使用；第二，要仔细比较自己的原稿和见报稿，分析记者编辑在哪些地方做了修改、为何如此修改。在我当正式记者前，我一直对此恪守不渝，因此也养成了写采写反思笔记的习惯。

一个月后，向勇打电话给我称，他在写一篇关于“高校校区偏远学生出行难”的稿件，请我完成部分采访。我按时完成了采写工作，提供了部分文字。结果，我第二次在《楚天都市报》上看到了我的名字，向勇又一次以实际行动鼓励了我。

就这样，我断断续续地与向勇合作，在《楚天都市报》上发表了一些稿件。渐渐地，我在校园学生记者中似乎也有了一点名气，不仅可以频繁在校报上发表稿件了，而且其他媒体记者也盯上了我。他们有的来学校请我吃饭或约我聊聊，有的不时打电话问我是否有线索或稿件，声称若有选题可以一起做。于是，我开始给武汉几家报纸的记者供稿，稿件不时见诸报端。

值得一提的是，我大二学年几乎是在忙碌和劳累中度过的，主要做的就是三件事儿：上课、写稿和当学生干部。这一学年，我担任了校报记者，教育学院通讯社记者，教育学院团学联常委、社团联主席。一周里，我至少要参加四个会议，消耗了大量休息时间。

是继续两者兼顾还是专门做记者？权衡之下，我把天平倾向了做记者，毕竟这个能给我带来更多的乐趣。后来，我在社团联主席任期满了后，毅然决定不再担任任何学生干部职务。此举遭到了学院有关领导的批评，也受到了惩罚，班主任陈礼志先生给了我很大安慰，感激之情常记心中。

大二暑假，我想找一家报社实习，但由于我所学专业与新闻沾不上边而举步维艰。武汉地区高校新闻系学生实在太多了，报社实习生扎堆现象十分严重，普遍一个记者带三四个实习生。平日联系的几个记者人微言轻，不便向人满为患的报社推荐我实习。我试着像谷岳飞一样去报社毛遂自荐，结果对方三言两语就把我打发了。

虽然终究没能如愿实习，但这一年发稿可谓收获颇丰。

这个格外的赏识，便是注定我做记者的第四个偶然。

五

进入大三，我依然挖空心思地给武汉几家媒体的记者供稿，也不时收到一张张稿费取款通知单。此时，我已经没有最初在报纸上见到自己名字那神经病般的兴奋了，而是越来越渴望去一家报社实习，因为我深知自己处于“高原期”。可所学专业与新闻学相差甚远，找家报社实习似乎“难于上青天”。

前方是绝路，希望在转角。

某天，向勇记者来电提醒我说，找实习机会千万不要等到寒暑假了，要趁着放假前实习生少去搞定。他建议我再次去湖北日报传媒集团总编室毛遂自荐。

我被鼓动了。在去湖北日报社的路上，我一再给自己打气：一定要抱着死猪不怕开水烫的心理向对方推荐自己，不同意我实习坚决赖着不走。那天，接待我的是该报总编室副主任杨丹枚女士，她很友善地让我坐下来，并俯身给我倒水喝，一下子让我放松了下来。我诚恳地说了来意，她再询问了几个问题，结果她当即问我是否愿意留在总编室实习。我喜出望外，高兴地答应了。

适逢总编室一个工作人员怀孕待产，杨丹枚女士索性把其大部分工作转给了我。总编室实习生外出采访机会几乎没有，干的都是些看似不太要紧的打杂活儿，杨丹枚女士便宽慰我说：“事事留心皆学问。”杨丹枚女士还不时拿点稿件给我编辑，并让我参与报社好新闻评选的一些准备工作。

在总编室实习的一个月里，我学到了许多采访之外的东西，比如，《湖北日报》一个副总编辑待人随和友善，初次见到我就微笑着和我打招呼，然后问我：“来这里多久了？哪个学校的呀？有什么需要帮助的就告诉我们。”有时，他下班经过总编室时，会走进来说：“吃饭了吗？早点去吃饭。”“下班了，早点回家啊！”一个副总编辑对一个实习生如此友善亲切，令我对其肃然起敬。这，也使我懂得了一个道理：真正有学问的人谦虚随和，大气大度，与之交往如沐春风。

小事也有大学问。比如，总编室一位记者在装订文件时教了我一手，即如何使两颗钉书钉与竖边平行、与上下横边距离一样。这个看似简单，但要做完美还真不容易。更何况，有多少人想过这个细节呢？而现今，一些用人单位不就是从一个个细节来衡量一个人能否“堪当重用”呢？

做人，做事，做学问。在总编室一个月，我没写什么稿件，没有外出采访，却感到每一天都无比充实和快乐。

这个友善的接待，便是注定我做记者的第五个偶然。

六

在杨丹枚女士的关照下，我终于拿到了《楚天都市报》社会部实习证，指导我的记者便是向勇。办好实习手续后相见那一刻，我们都很高兴，毕竟梦想成真了。

向勇不仅新闻工作经验丰富，而且海纳百川，对实习生格外尊重、格外关爱。实习期间，他总是和我一起商量确定当天的采访线索和选题，然后安排我独自外出采访，他称之叫“单飞”。记者带实习生一起外出采访，总是以记者为主实习生为辅，实习生容易依赖记者，采访和写作思路容易随着记者走，导致实习生“没了主张”。“单飞”则完全不一样，实习生要像正式记者一样完成采访工作，各种困难都需自行解决，挑战并不小，但收获也不小。

每天，采访完后，我便立即赶回报社，用他的电脑写稿，然后等他来审阅。改稿时，我便站在他的身旁，他一边修改一边告诉我为什么这样改，并教我在采访中该注意些什么事情。我也不时把心中的疑问抛出来，他则知无不言，言无不尽。

整个实习期间，我仅随向勇外出采访 3 次。记得有一次是去某社区采访一位痴迷竹刻的老人，途中向勇是这样对我说的：“今天这个采访，我也拿不准，所以请你一起去看看。”如此商量的口吻，让我十分感动。

还有一次是正月十五，报社社会部安排几路记者前往几个地方采访，要求稿件反映元宵节江城武汉祥和喜庆的氛围。向勇被安排去武昌区婚姻登记所，采访这一天登记结婚的新人，他领了任务后便把这个活儿顺手交给了我。

元宵节那天，我早早地赶到武昌区婚姻登记所，不久向勇也来了，我想他大抵有些不放心，毕竟是部门统一行动，交不出稿件则无法交差。第一对新人前来登记时，向勇随手拿起新人的表格看了一下然后放下，我也上前拿起来看了看，然后放下。这时向勇先生回头问我：这对新人分别叫做什么？多大年纪？做什么工作？我顿时傻了，一个问题也答不上来。向勇认真地对我说：要随时在采访状态，眼睛一瞥就要记住重要信息，这样采访时就能迅速拉近与采访对象的距离。我顿悟。

整个实习期间，向勇对我一直夸赞有加，把我视为一个好帮手，而不是一个跟班。现在回过头来看，我当时采写社会新闻的经验十分有限，所写的新闻稿件也比较稚嫩，但向勇却坚持肯定我的点滴进步，让我在表扬、鼓励声中有了自信，有了动力，让我一步步向记者梦靠近。

这个难求的良师，便是注定我做记者的第六个偶然。

七

《楚天都市报》的实习结束后，我萌发了攻读新闻学硕士研究生的念头，便整天“窝”在湖大图书馆备考。之所以想继续深造，一个重要原因是，我认为自身的新闻采写能力十分有限，不能胜任记者工作，更何况我是非新闻系学生，而不少报社“广纳贤才”时对专业有所限制。

某天，我在图书馆苦读时接到王秀兵的电话，他在电话中告诉我他在武汉找到了一份工作，就想找个人分享下喜悦。他还说，十分感谢我帮助他找到走失的父亲，一辈子都会铭记在心。挂完电话后多天，我内心一直很不平静，反复地问自己：难道我真的就这样“窝着”？难道只有考研才有出路？

英雄不问出身。我自我解嘲：假如一名非烹饪专业学生能烧得一手好菜，而且比有几个星的星级酒店的厨师还要高明，他还用担心找不到一个大厨工作？

我坚定了继续走靠实习提升采写水平之路的信念。寻思自己已经在都市报、省级党报呆过，我便想：能否找一家国家级媒体去实习呢？我想到了时任《中国教育报》湖北记者站站长刘新其先生，我只见过他一次，也是我当时认识的唯一一位中央级媒体人士。

那也是一个偶然。有一次，我到校报编辑部瞎晃悠，编辑部一位老师对我说：“下午教育学院有个座谈会，你去采访一下吧。”我欣然领命。到了会议室，我看到悬挂在墙壁上的条幅后，才知道是《中国教育报》的办报调研座谈会。前来调研的是《中国教育报》时任总编辑刘仁镜先生、高教部主任唐景莉女士和湖北记者站站长刘新其先生。尽管学校没有指定我发言，但我想机会难得，“还是要表现一下”。于是，我临时在采访本上草拟了发言提纲，随后大胆作了发言，主题大致是“要开门办报，广纳良言，把报纸办成全国教育工作者的超市，而不要办成专卖店”。我当时万万没有想到的是，我的发言引起了他们的注意，以致几年后他们还说起此事。当然，这是后话。

2005年4月，我拨通了刘新其先生的电话，表达了实习意愿。电话中，刘新其先生很客气地说正在宜昌出差，让我回头带着已经发表的作品到记者站去。在约定的那天，我穿着白衬衫黑西裤前往记者站“应聘”，这个打扮主要是为了显得成熟些。刘新其先生热情地接待了我，认真地翻看了我的新闻作品。然后，他把我带到一位近40岁左右的记者面前说：“程墨，这是我们湖大的一个学生记者，作品还发表了不少，你看看。”这位记者停下手中的活儿，接过我的作品，粗略翻了翻，问了我一句：“这都是你写的？”我答曰：“是的。请您多指教。”程墨记者说：“我正在写一组大稿，比较忙，你‘五一’以后再来吧。”而对于是否留我实习，站长和记者都没给准信儿。我客气一番后告辞。

那天是我第一次见到程墨记者，当时无论如何没想到我们后来竟成了同事、朋友。

5月8日，我一大早就来到了湖北记者站。程墨记者见到我后，就让我坐到一张空桌前看报纸，而他仍在写稿。由于在其他报社实习过，我知道实习的第一件事儿就是看报纸，也知道该用研究的视角来看报纸。于是，我认真研读《中国教育报》，似乎“看入了神”。

10点左右，程墨记者对我说：“小龙，我这里有一个两万多字的材料，你能否帮我改成两千多字的新闻通讯？”我自然应允，也知道这是我能否留下来实习的第一道考题。

程墨记者交给我的是当时报社策划的大型采访活动“中部崛起看教育湖北行”中的一篇，我仔细研读了其他省份刊登的相关文章和程墨记者的采访笔记后，便开始精心写稿。一直写到下午下班前，我才将稿件交给程墨记者，而他仍忙于写稿，并没有空看我的稿件。

回校在食堂买了饭，刚准备吃，程墨记者给我打来电话，高兴地说：“小龙，你稿件写得挺好，我基本上没怎么修改，我已经把稿件发到报社了。你明天还来吗？我明天还有任务交给你。”

第二天，程墨记者继续让我写“中部崛起看教育湖北行”中的另一篇，这次给我的竟然是一大堆素材，至少十万字以上。当天，我交稿，稿件质量过关。

这两篇稿件奠定了我的实习生地位，我算是被认可了。于是，我开始天天往记者站跑。

这个偶然的机会，便是注定我做记者的第七个偶然。

八

一个星期后，刘新其先生安排我独自赴荆州，采访长江大学校企合作工作，身份是记者站实习生。说来似乎可笑，这不仅是我第一次出差，而且是我第一次独自去一个陌生城市。

没过多久，刘新其先生带我赴宜昌当阳市采访，对象是一位名叫郑琦的退休教师，其事迹主要是“多年来长期在家义务给周边的孩子们补习功课”。采访当天，有一个由多家中央媒体组成的新闻采访团也在采访，主人公被各家媒体“拉来扯去”，根本没人在意我这个实习生。我只得先当“旁听生”，最终逮住机会采访了郑琦老师几个问题。

由于此前程墨记者已经发表过采访郑琦的长篇人物通讯，于是我便根据当天的采访写了一则新闻故事，经刘新其先生审核后发到报社。第二天，稿件便见报了，标题是《郑老师收到的特殊生日礼物》。

在回武汉的途中，刘新其先生对我说：“现在有一个民办本科院校想物色一个外宣人才，你若想去，我推荐你去，以你的水平肯定能胜任。”我笑了，告诉他“我才大三”。

回到记者站，刘新其先生交代了记者站秘书两件事情：第一，给小龙办一张省教育厅食堂饭卡，由记者站充值；第二，每月给小龙发 500 元交通补贴，其他津贴与记者站工作人员一样。

2005 年 7 月，华中农业大学党委宣传部邀请记者站报道该校博士团暑期社会实践工作，希望记者能随团下乡采访。刘新其先生自然地把活儿派给了我，结果我跟着一群教授和博士在湖北通山县“上山下乡”了好几天，稿件也见报了。

后来，我的采访任务越来越多，站长和记者外出采访都会叫上我。武汉一些著名高校、市（区）教育部门跑了不少，甚至还去了不少中小学。至于外地采访，我每个月至少要随站长或记者去采访一两次，每次都要跑几个县（市、区），一呆就是三五天。在近一年实习时间里，我的采访足迹遍及武汉、荆州、宜昌、黄冈、黄石、襄樊、咸宁、孝感、荆门、恩施、神农架等10余个地级市，并享受了一次公费坐飞机的优待。

值得好好回忆是，记者站两位恩师对我的精心栽培，令我受益匪浅。刘新其先生工作经验丰富，曾当过高校辅导员、省教育厅副处长、科技副县长等工作，做人大气，胸怀宽广，开展工作“有一套”，《中国教育报》一些站长夸他是奇才。他待人随和友善，对我是知无不言，倾囊相授。出差时，我们总住在一个双人间，饭后就谈工作，谈家庭，谈人生，有时聊到凌晨才罢休。从他身上，我着实学到了不少。

刘新其先生对我的赏识，也让我受益。其实，我过去并不怎么自信，也不觉得自己比别人强，但刘新其先生却不时夸赞我，甚至说“前途无量”。对于这些夸赞，我没有翘尾巴，而是渐渐地建立了自信，且倍加努力来实现“前途无量”。

程墨先生似乎有些沉默寡言，但熟悉了却十分好相处。平时，他不显山，不露水，并不像一些记者一样吹嘘自己如何了得，或者大谈“当年勇”。直至他参评高级职称时，我才知道他是华中科技大学新闻系高材生，当年高考是县文科状元，曾任《湖北教育报》副总编。他有一个十分难得的优点，采访归来总是放手让实习生写稿件，自己则在电脑上下围棋。若实习生写得不行，则耐心指导一番，直到稿件“成熟了”他才着手修改，边修改边点评。经他培养的实习生，不少人走上了新闻工作岗位，他着实有化腐朽为神奇的深厚功力。

如果没有他们的精心培养，光凭我自行摸索，或许我只能是蜗牛般前行。何止是培养，刘新其先生还给我找了份杂志社编辑工作，称“随时可以去上班”。那天，我们找了家餐馆“庆贺”了一番，席间刘新其先生对我说：“不要着急去上班，这个是保底的工作。等等看，或许还有更好的去处。”

后来，我果真“等”来了好去处……

尾 声

我总是在想，我真的是太幸运了，这么多“偶然”竟然都让我给碰上了。如果把上述“偶然”再细分下，肯定能有更多个“偶然”。如若缺少其中某一两个“偶然”，可能我的故事就要改写。

一路走来，我竟然在茫茫人海中遇到了这么多的好人，他们真诚地对待我，无私地帮助我，精心地栽培我。尽管，我们曾经毫不相识。在这里，我也真诚地向他们说声谢谢！

在我的大学日记中，有这样一段话：“我知道，他们并不期待我感恩，但我必须常怀感恩之心，力所能及地帮助身边的人，通过自身言行让真情与大爱得到传承……”

这，就是我们今天所说的“凝聚正能量、传递正能量”。

或许，你读我的这篇文章又是一个“偶然”。

第一章

追梦聊天室

没有梦想，就没有前行的方向。没有梦想，也就没有奋斗的激情。记者的梦想，是崇高的，是伟大的，因为“记者”二字意味着责任、使命、追求。做一个大爱、大度、大气、大才的新闻记者，这是多么令人憧憬的梦想啊！然而，在圆记者梦的征途中，你可能有过怀疑，有过彷徨，有过动摇，有过无助，这时你可能多么渴望有一个人告诉你脚下的路究竟该如何走，或者是有人及时给你一点鼓励与赞许……

报社不看门户看本领

新闻工作是一门实践的学问，是一个技术性很强的活儿，嘴巴能动而笔头不硬的人难以胜任。

一些在校大学生经常问我：报社岗位少、招聘条件高，没有关系和金钱能考进报社吗？

坦白说，有没有关系的区别蛮大。比如，某报社招聘一采编人员，若两个应聘者实力相当，则有关系者容易被录用；即使有关系者水平稍差，其被录用的可能性也很大。没被录用的有才者，虽怒发冲冠，但无济于事。

现实，有时真的残酷。

过去，民间曾流传这样一种说法："学好数理化，走遍天下都不怕。"而今，却有了一句变味的"真理"："学好数理化，不如有个好爸爸。"这个"真理"在大学生就业问题上得到了印证：一些贫穷家庭的孩子，在校省吃俭用、刻苦学习，毕业时节却找不到理想工作；一些家庭背景优越的大学生，他们貌似在校无所事事，成绩平平，找个"铁饭碗"易如反掌。

现实中，有好爸爸的大学生确实能"好就业"和"就好业"，于是一些热爱新闻事业的在校大学生便动摇了：家庭没什么背景，就算苦练新闻采写，只怕到时仍是"竹篮打水一场空"。贫穷大学生学新闻是不是就白学呢？

著名科学家、享受国务院政府特殊津贴专家、福建农林大学原校长郑金贵教授的"矩形原理"可给出答案。"矩形原理"，也叫矩形面积理论，即把客观条件（家庭背景等）喻为矩形的"底"，把主观努力（学习成绩等）喻为矩形的"高"，把矩形面积喻为效果（就业的结果）。这个理论告诉我们，若"底"边短的大学生的"高"长，其面积有可能超过"底"边长的大学生。

实践证明，“底”边短但“高”长能有大发展，“底”长但“高”短则难有发展。已经发生的事实、正在发生的事实和将要发生的事实，都将证实“矩形原理”结论的正确性。

若家庭背景差的大学生被个别不公平就业现象干扰了视线，在校整天抱怨、发牢骚、自暴自弃，或许会博得几分同情。根据“矩形原理”，这种“底”边短“高”亦短的大学生，那几乎没有什么出路可言。我们承认没好爸爸的大学生比家庭有背景者要多付出几倍努力，成材异常艰辛，但有机会而不拼搏、不进取，则是自甘堕落、自取灭亡，是懦夫的表现，其角色也由“可怜”变成了“可嫌”。

事实上，不公平就业现象只是个别现象，绝大多人仍靠“手艺”“本领”吃饭。报社招聘人才，最关键是取其德和才，真才实学是决定性因素。我们不排除个别岗位招聘了能力水平低下的“关系户”，但这种“关系户”毕竟只是少数。在报社，他们或担任后勤岗位工作，或徘徊在次要采编岗位，而主要采编任务仍由有过硬本领者承担。

新闻工作是一门实践的学问，是一个技术性很强的活儿，嘴巴能动而笔头不硬的人难以胜任。从某种程度上来说，新闻工作是一个较公平的事业，不论出身贫富贵贱，终究有才者居之。若无真才实学，试图靠运气混，则记者梦难以成真。

热爱新闻事业的在校大学生应牢记：不恐无背景，只恐不拼搏；不恐无机会，只恐无才学。

报社“难进”给人的启示

任何一个有档次的报社都不希望招进来的人是庸才、蠢材，是“混日子”和“吃干饭”的人，而是能在采编方面“独当一面”的人才。

不少爱好文学的大学生对记者这个职业充满向往，跃跃欲试者众多。不久，他们的激情便消退了，理由很简单：报社太“难进”了。不少大学生说，在校花大量时间和精力学怎样当记者，而毕业时又无法“圆梦”，那岂不是白学了吗？

权衡得失间，非新闻专业学生便舍弃了新闻这个副业，继续一门心思攻读本专业课程。于是，在未见“真刀真枪”前，憧憬记者职业的大学生们便自动缴械投降了。

诚然，一些有名气的报社确实“难进”。当前，由于人才众多，供各级报社挑选人才的余地也较大。一些位于省会城市的市民报招聘人才的条件亦非常苛刻：名牌大学研究生学历，有从业经验者优先，专业仅限文学、法学、经济学等。至于发达城市媒体给出的门槛，更是让普通大学生“一边站”。即便如此，前来应聘者云集。据了解，2000 年前后，位于湖北武汉市的《武汉晚报》《楚天金报》每次招聘采编人员才十余人，往往有上千人报名，其难度不亚于考公务员。

一方面是大学生喊考入报社难，一方面却是报社求贤若渴。不少报社大张旗鼓地搞招聘，目的只有一个——招一些“好用”的人才来充实采编队伍。所谓“好用”人才，是指“招之能来、来之能战、战之能胜”的人才，是能在采编方面“独当一面”的人才。任何一个有档次的报社都不希望招进来的是庸才、蠢材，是“混日子”和“吃干饭”的人。一些报社负责人感叹：看似应聘者众，可惜“贤才”太少。

事实上，不论报社的招聘条件怎么“卡人”，但总有优异者过关。这些幸运者靠的是运气吗？应该说，有运气的因素，但主要还是有过硬的本事。

笔者一位朋友的事例很能说明问题。他是教育管理专业本科生，专业成绩平平，大学期间“不务正业”，长期在媒体实习“耍笔杆”，写了数百篇新闻稿件。大四那年，他得知南京某报社招聘人才，便带上作品上门毛遂自荐了。结果，试用一星期后，他被该报社正式录用了。很快，他便成了报社的骨干，高产且好新闻频出。

报社“难进”，却有人不费吹灰之力就上岗了，这给人什么启示？答案只有一个：要有真才实学，别心存侥幸。有了真才实学，不怕媒体挑你，而是你挑媒体了。这好比一个厨艺高超、比五星级大酒店大厨的菜做得还要好的人，到哪里找不到厨师工作呢？

对于新闻记者来说，真才实学就是要作风正、笔头硬，他人写不了的新闻你能写，他人能写的你写得更好。总之，要比他人技高一筹。说起来容易，做起来就未必简单。真才实学不像武侠小说里学“凌波微步”“打狗棒法”一般容易，它需要付出比常人更多的汗水，付出更多的精力。

在人才济济的今天，没踏上新闻岗位前就必须具备掌握岗位要求的工作能力和经验，否则，就会被拒之门外。要掌握比别人更过硬的本领，就必须比别人先跑一步。只有这样，“橄榄枝”才会伸来。

与其怨恨“生不逢时”，不如“只争朝夕”。

理工科学生也能当记者

能否从事新闻记者工作，往往取决于新闻采写能力和水平，而非所学专业。

曾有不少学生记者问：报社招聘人才时往往限定新闻、中文、历史、法律、政治等文科专业，理工科学生是否有机会走上新闻工作岗位?

对此，我总是不假思索地答曰：可以！但要比文科生付出更多的汗水。然后，我便现身说法，介绍自己是理科生，是如何走上新闻工作岗位的，再列举身边的一些理工科记者名单。

过去，不少报社招聘记者、编辑时，确实存在门户之见，在招聘启事中对专业进行严格限制，即要求新闻、中文、历史、法律等文科专业。然而，由于越来越多的记者并非新闻专业出身，甚至不是文科专业，而且不少理工科记者工作也很出色，于是一些报社便不再对专业进行限制。如，福建日报报业集团 2011 年人才招聘公告显示，记者、编辑、评论员等岗位均对专业不限，有相关工作经验者优先。

当然，有些影响较大的新闻媒体仍会对专业限制，但也欢迎有相关工作经验者。于是，有的理工科毕业生便走“曲线救国”之路，即先到一般性的地方媒体过渡一两年，积累一定的工作经验，然后待省级党报、位于省会城市的市民报招揽人才时，便再通过考试“杀”回来。此外，有的理工科学生记者选择了继续深造，报考高校新闻类专业硕士研究生，毕业后便去新闻单位应聘新闻采编岗位。

由此不难得出结论：能否从事新闻记者工作，往往取决于新闻采写能力和水平，而并非所学专业。

事实上，不少新闻专业的学生对记者、编辑工作并不感兴趣，只是当初填报志愿时一时冲动或被调剂，并不是干记者的材料。同时，由于不少高校新闻专业教学的教材陈旧、课程单调、师资薄弱等原因，教学过于理论化，学生到报社实习时则又像放羊一样度过了，结果缺乏新闻采写经验。这样一来，不少新闻类专业学生往往并不适合从事新闻采编工作，或者说根本无法敲开媒体的那扇门。

但毫不怀疑的是，理工科学生要从事媒体工作，往往要比文科生付出更多的努力。新闻专业学生本身便是学习新闻，学习新闻采写是正业。中文、历史等文科生，有较多机会学习文史知识，知识面比较宽，文笔往往会比较好，学习新闻采写也是顺风顺水。而对于理工科学生来说，本身学业负担比较重，而学新闻充其量是副业了，参与新闻实践的时间和机会比较少。

新闻是一门实践的学问。要参与新闻采写实践，则必须投入大量的时间和精力。对于文科生来说，他们有较多时间在校内外进行采访写作，因为教材不用教都能看懂，且章节之间的关联大不，偶尔逃课也不会影响后面的课程学习，而考前“临时抱佛脚”甚至能得高分。而理工科学生则恰恰相反，课业多而且难度系数大，投机取巧难以奏效，一些较难的科目甚至极其容易挂科。于是，理科生投入到新闻采写的时间十分受限，有些“熊掌与鱼不可得兼”之感。

那么，理科生该如何多挤出时间来参加新闻实践呢？

第一，充分利用好寒暑假时间和节假日。从大二学年的寒暑假开始，学生记者就应争取到新闻媒体进行新闻实践，可先从市民报做起，然后再尝试去党报、专业报和中央级报社实习。在节假日和周末，学生记者也可多采写一些校园新闻，踊跃给社会媒体投稿，或随同报社记者到校外采访，尽量多积累一些采访经验。

第二，要加入校报记者团。学生记者应多参加记者团例会和选题讨论会，这样可以及时了解全校比较重要的新闻，比自己单独去了解要节省较多时间。另外，一大批新闻爱好者经常在一起交流、切磋和碰撞，会不时摩擦出火花，进步也会更快。当然，不少高校除了校报记者团外，还有青年通讯社等新闻机构，学生记者亦可申请加入。

第三，可选择性逃课。2012 年，中科院院士王元在接受媒体记者采访时曾说：“按部就班一级级的上学制度和考试制度，对优秀的人才是一种藩篱，就像穿一样的衣服、吃一样的饭、读一样的书，变成了要齐步走，最后只有向落后看齐，好的学生被扼杀掉了。”不少学生记者为了做些重要采访，偶尔选择性的逃课，也并未耽误学习。有的学生记者由于在报社实习，而实习时间并非是寒暑假，便向各任课老师坦承实习事宜，得到允许后，只交作业和参加考试，可不在教室上课。当然，有的学校对考勤规定严格，有的教师也比较“古板”，学生选择逃课的成本比较大，对此学生记者应因校制宜、灵活应对。

从已有经验来看，欲从事新闻工作的学生记者，其专业成绩并不一定要特别优秀，底线是拿到毕业证和学位证，以及英语四级通过。毕竟，毕业后是从事新闻记者工作，而不是去找专业对口的其他工作。当然，如果专业学习扎实，成绩优秀，而新闻采写能力突出，那则是十分理想的，这样对所学专业领域的新闻采写会更容易、更专业。但是，这毕竟过于理想化，当然，也不排除鱼与熊掌可以兼得。

记者团里学基本功

记者团是学生记者在校内开展新闻实践的重要平台，可学会新闻采写最基本的“拳脚功夫”，时常与一批志同道合的朋友“切磋武艺”。

到报社实习前，最好要有一定的新闻采写能力。那么，这个基本的采写能力从哪里来？

对于新闻系学生来说，可能在学习专业课时，教师会布置几篇采写新闻稿件的作业。但这远远不够，一则教师不可能对学生的新闻作品一一点评，二则写几篇稿件就学会写稿很不现实。

对于非新闻专业的新闻爱好者来说，往往不知道什么事值得写，有时感觉到某件事是新闻，但不知道怎么写；有时把某件事写成了所谓的新闻，但没人进行点评，也不知道自己写得好还是不好。久而久之，对新闻的一点点激情就慢慢消退了。

这表明，新闻爱好者在校园内必须要有一个新闻实践的平台。眼下，不少综合性大学都已设立了校报记者团，吸收和接纳大学生做校报记者。有的高校比较重视新闻宣传工作，在各院系都设立了学通社，专门为校报提供本院系的新闻稿件。事实上，校报记者团和学通社便是新闻系和非新闻专业学生在校内开展新闻实践的重要平台，可学会新闻采写最基本的“拳脚功夫”。

在校报记者团，学生记者最基本的优势是可将采写的新闻稿投给校报，能和校报编辑“混个眼熟”，这样稿件见报自然就容易多了。学生记者还可将自己写的新闻稿求教于编辑，若编辑正好空闲，一般是会指点校正的。有的高校记者团发展成熟，是校报的主力军，大部分新闻由学生记者采写。在这种情况下，记者团经常会策划一些专题或大稿，由多名记者分工合作完成。学生记者在相互的交往合作中，新闻敏感、采访技巧、写作能力等都会有不同程度的提高。

在记者团，一些优秀的学生记者很快就凸显出来，他们常常被委以重任。一是被校报推选为实习编辑，负责对各院系通讯员和学生记者的稿件进行“初加工”，负责对报纸文字的校对，有的编辑甚至放手让其进行画版、排版。当然，某些高校会将这些实习编辑岗位设置为勤工助学岗位，给实习编辑发放一些生活补贴。二是经常被校报编辑派活干，指定其采写一些校园要闻，如新生军训开幕式、运动会、大型会议、校长接待国内外嘉宾来访等。这些新闻稿常常刊登在校报一版显著位置，有的甚至是头版头条，这无疑会大大增强学生记者的自信心。

在学生时代，有新闻稿件见报和没新闻稿件见报的区别是很大的。有新闻稿件见校报的学生，越写越有干劲，稿子也越写越好，经常能出大作。而没稿件见报的学生，写了几篇就不想写了，最后往往选择了放弃做记者的梦想。

记者团的学生还有个得天独厚的优势，即可有较多的机会接触社会上各家媒体的记者。这种接触大体有几种情况：一是有些报社的记者是从本校甚至是记者团走出去的，他们被记者团邀请回来座谈或聚会。二是有些报社跑教育新闻口的记者为获取更多的新闻线索，会在记者团发展几个“线人”。三是学校党委宣传部为提升学生记者的业务水平，邀请有关媒体资深记者给学生做讲课，甚至主动把优秀学生记者介绍给媒体记者当助手。比如，福建农林大学党委宣传部近年来推行“学生记者跟班计划”，给经常到本校采访的主流、权威媒体的记者推介学生记者，且一对一“结对”，学生记者收获不小。

与真正的记者接触交流，学生记者是受益匪浅的。因为，一些学生记者常常在发展中有着这样或那样的困惑，甚至不知道该怎么将自己锻炼成记者。这时，报社记者的一席话就可能让其茅塞顿开，至少会让其知道“通往罗马有这样一条路可走”。学生记者知道自己往哪发展，这非常关键。这好比一个人到一个陌生城市，若没地图也没人指路，就可能不知道怎么走，即使瞎撞到了目的地，也会走了很多弯路。但若在一路上都得到别人的指点，他至少会少走弯路。

值得一提的是，不少学生记者在认识媒体记者后，与媒体记者成了朋友。学生记者不时给媒体记者提供新闻线索、新闻稿件，他们不久便和媒体记者的名字同时出现在当地的市民报或党报上。这是一件互利双赢的好事：媒体记者获得了更多的新闻素材，工作量可顺利完成；学生记者得到了媒体记者的指点，其成长的步伐更快了。

从不少武汉、福州等地高校非新闻专业学生毕业后成为记者的经验来看，他们是这样走上新闻道路的：进记者团、认识媒体记者、到媒体实习、应聘报社。这条路，是大学生当上记者的一条阳光大道。

勇敢面对第一次采访

做好第一次采访首先要过心理关，要不怕丢人，不怕吃闭门羹。在采访对象选择上，可以先易后难。

在高校与学生记者聊新闻写作时，一些学生记者提问说：第一次采访时，犹豫了很久才下定决心采访他人，但采访时仍很紧张，提问也不知道该问些什么，也不知道要记录些什么内容。那么，怎样才能做好第一次采访呢？

第一次采访他人，心里难免忐忑不安——如果是随机采访路人，内心会不断想：采访谁最合适？谁会接受采访？如果是采访身边熟悉的同学，内心可能会想：都是认识的同学，突然说要采访对方，多难为情呀？如果是采访学校或院系有关领导、老师，内心更是不安的：见面该怎么说？如果对方拒绝怎么办？

第一次采访，有些心理障碍实属正常，但如同大姑娘上花轿一般总会有第一次。因此，做好第一次采访首先要过心理关，要不怕丢人，不怕吃闭门羹。在采访对象选择上，可以先易后难，比如首选较熟悉的人“下手”，这样可以“肆无忌惮”，像聊天一样进行采访。

采访是新闻写作的前提。其实，采访没什么可犹豫的。若对方接受采访，正好可完成采访。若采访被拒绝，没采访到，自己也没什么损失，不存在“掉大了”。

采访被拒时，也有立即应对的方法。如，对方称现在没时间，可委婉地追问：“请问您什么时候有空？我到时来找您！”如果对方谦虚推脱采访时，则可采用真诚的赞美、诚恳的态度来打动对方。

第一次采访难免紧张，有时会碰壁或被嘲讽的眼神“杀死”。其实，采访中若自己感到紧张时，不妨坦白地告诉对方，自己是第一次采访，希望能给予支持。你一坦白，对方一般会理解，甚至给予鼓励。这样，采访就顺利了。

在过心理关后，采访准备要做充分。采访前，要对自己采访的内容做到“心里有数”，要弄清楚自己要采访的内容是什么，自己要问什么，想知道什么，稿件的大致角度与立意是什么。如果害怕由于心里慌而忘记要采访的内容，则可把所要采访的问题逐一罗列在采访本上，这就是所谓的采访提纲。采访时，学生记者可根据被采访者的回答情况，对提问进行灵活调整。在被采访者“答非所问”“跑题”时，可视情况打断，或在对方讲话停顿时抢过“话语权”，抛出新的问题将其“拉”回来。当然，采访准备还包括对新闻素材的收集与分析等，此处不展开讲。

第一次去采访，便如婴幼儿迈出人生第一步。只要第一步迈出来了，第二步，第三步，更多步随之而来。采访次数多了，慢慢地就学会了“走”，甚至还会“跑”“跳”。

初学写作可模仿

通过模仿校报上刊载的报道，初学者可快速掌握常见校园新闻的基本采访思路和写作“框架”，逐渐掌握“常规”消息和通讯的写作方法。

从不少非新闻专业的学生记者的成长经历来看，他们初学写作时对新闻理论知识知之甚少，甚至从未阅读过有关新闻方面的专业书籍，其欲从事记者工作大抵只是“对写作有兴趣”“作文写得还可以”“记者这个职业令人向往，充满诱惑力”等。

在没有接触正规新闻教育之前，学生记者该如何开始新闻写作呢？据了解，不少非新闻系学生记者学习采写新闻时，并不知道什么是新闻、怎样采访、怎样写新闻，他们对新闻的六要素、新闻价值的判断、新闻体裁的类型等缺乏了解，写稿太多是模仿校报、校网站上刊登的新闻而已。写出稿件后，交由记者团老记者或校报编辑斧正，运气好些的可得其指点一二。

一般来说，初学者刚开始写作的题材往往与身边熟悉的事情有关，主要有学术讲座、院系活动、社团活动等，他们把校报上已刊登的相关新闻作为范本，把具体内容换成自己采写的内容，然后在语句措辞、内容表达上做些变更，便炮制出一篇属于自己的新闻稿了。

以学术讲座的报道为例。不少高校校报上刊载的学术讲座报道，其标题大抵是“某高校某教授来校作学术讲座”；导语是“某月某日，某高校某教授应邀到我校作了一场题为××的讲座，重点对某问题发表了见解，全校数百师生聆听了讲座”；正文是“该教授结合自身多年研究，围绕某内容从几个方面阐述了自己的观点，整个讲座深入浅出、通俗易懂等”。结尾是“讲座持续了××时间，参加人数有××，现场气氛热烈等”。这类学术讲座报道一般分为导语、正文和结尾三部分，部分稿件会把该教授的个人资料和学术成果作为新闻链接或新闻背景一起写入。

再以领导活动的报道为例。不少高校校报上刊载的领导调研活动，其标题大抵是“某领导莅临我校（我院）检查指导工作”；导语是“某月某日，某领导莅临我校（我院）检查工作，校（院）领导某某等陪同”；正文是“某领导实地调研了某地，听取了我校（我院）领导的工作汇报。该领导指出……该领导要求……”；结尾是“我校（我院）领导某某表示，对某领导长期以来对学校的关心和支持表示感谢，将按照上级领导要求改进工作等”。不少高校校报还配发了领导调研的有关照片，并对图片作了说明。

通过模仿校报上刊载的报道，初学者可快速掌握常见校园新闻的基本采访思路和写作“框架”，逐渐掌握“常规”消息和通讯的写作方法，进而保持和激发学生记者的写作热情。

在模仿一段时间后，初学者写稿时可以尝试抛开校报，按照自己掌握的写作方式进行写作，以检验自己是否具备了一定的采写能力。同时，初学者可以尝试阅读《新闻采访与写作》之类的新闻教材，联系自身的采写工作，做到实践与理论相对照、相结合。当然，初学者还可与新闻系学生一起上课，接受相对系统的新闻学教育。

模仿只是初学者学习新闻写作基本套路的一种快捷方式，切不可满足于简单的模仿，停留于“写得像新闻”。有的学生记者没有接受一定的新闻业务培训，渐渐地形成了“新闻稿件就应该是校报和网站上刊载的那样写的”的认识误区。

比如，有学生记者问我：“我写的这篇新闻稿，校报和学校主页都刊载了，学校领导也审核了而且很满意，为何就不能发表在《中国教育报》上呢？”应该说，校园新闻的主要读者是本校师生，校园新闻所选择的新闻点与社会关注点区别较大，在学校算是重要新闻，但在全省、全国来说则未必是新闻。此外，一些校报新闻稿件流于一般形式和侧重报道学校领导，新闻价值没有凸显出来，这种新闻社会读者不爱看，不想看。

所以，待掌握一定的写作技巧后，学生记者要尝试创新、敢于突破，注重打破传统套路，使新闻价值进一步凸显，使新闻更好读、耐读。比如，“讲座新闻”，可思考如何摆脱重讲座形式轻实际内容的写作模式，而着重突出演讲者所讲的内容。比如，采访时捕捉演讲者最精彩的言论，或是能回应社会热点难点问题的观点，把“讲座新闻”做成“观点新闻”。

模仿并不是一件丢人的事，而是一种有智慧、有技巧的学习。事实上，不少资深媒体记者也在模仿，此时的模仿不是初级的“格式套用”，而是学习他人新闻采写的思路、谋篇布局的精细、人物刻画的生动、故事挖掘的感人等。对于同一题材的报道，不少记者也经常在分析其他记者所写报道的优劣，发现、学习他人的长处等。

怎样与记者打交道

给记者打电话或者发邮件，要尊重记者，态度诚恳，话语礼貌，措辞得体。打电话时，要多用“请问”“您”“谢谢”等礼貌用语，多用请教的语气与记者交流。

福州某本科高校招聘一名负责对外宣传工作的人员，面试环节中有这样一道试题：假如你已被学校宣传部录用，学校拟于今年 1 月 25 日举办一大型活动，请你打电话邀请某报记者前来采访。面试时，由一名评委扮演“记者”，与应聘者“通电话”。

其中，一名应聘者在“电话中”邀请“记者”时，“记者”表示 1 月 25 日正好没空，1 月 26 日才有空。应聘者仍一再强调“活动很重要，领导很重视”，希望“记者”于 1 月 25 日前来采访，而“记者”表示“确实无法抽身前来”。最后，应聘者在电话中说：“那真的很遗憾。”随后，应聘者挂断了“电话”。

模拟打电话结束后是评委随机提问环节，其时，我担任面试评委，便首先发问：“请问您刚才说‘很遗憾’是什么意思？是您认为学校活动新闻价值较大，记者没能来而失去了一次重大题材采访机会，还是报社受损失了？”这名应聘者立即意识到说错了话，连忙表示因学校失去一次在该报宣传的机会而感到遗憾。

这名应聘者不经意的一句“很遗憾”，暴露了他没有与新闻媒体记者打交道的经历，而且反映出其为人处事没有换位思考，随机应变能力较弱，说明他眼下还不能胜任对外宣传工作的岗位。结果，他的面试得分较低，最终被淘汰出局。

举这个事例，旨在说明一些高校宣传部门在职人员并不善于与媒体记者打交道。比如，有的工作人员与记者并不太熟悉，却在电话中坚持称“这个活动很重要，请一定来给予报道”，这种生硬的语气往往会令人不快，因为记者一般没有义务必须为某单位做一般性题材的报道，故记者一般不会去采访。又如，记者采访后稿件未能及时见报。工作人员在电话中催发稿件时说，“您都来采访了，怎么能不见报呢?”“请问具体哪一天会刊登呢?能不能说一个具体日期?”一般来说，记者在主观上也希望自己采写的稿件能立即见报、刊登在重要版面上，毕竟是一个字一个字敲出来的劳动成果，但客观上并非所有稿件都能见报，对于不能见报的情况，有关单位和个人应给予理解，切勿强行要求记者见报，否则会伤了和气，导致已建立的良好关系破裂。

事实上，不少学生记者、通讯员、信息员也不太会与素未谋面的记者联络。比如，我隔三差五就会接到一些陌生电话，电话刚接通就令人一惊，因为对方说话是一个字一个字地蹦出来：“你是某报某某记者吗?”如此正式的询问，一般是来自政府职能部门。不料对方自报家门称是某高校大学生，令人感觉生硬。

这些学生打电话来邀请采访，大抵是该校某学院搞一个团日活动，推介理由往往是“内容很丰富，意义很重大”。对此，我怕打击学生的积极性，总是委婉地推辞采访，请其将新闻通稿发一份到邮箱。活动当天，我邮箱里果然有新闻通稿，那是对方发来的活动策划、活动预算、活动图片等，并无新闻稿。更令人咋舌的是，邮件收件人一栏有若干个邮箱地址。对于这种漫天撒网式的“一稿多投”，不少记者的处理方式是——直接删除!

那么，学生记者和通讯员主动联系不太熟悉的记者时，该如何把握分寸和火候呢?

第一，要谦虚礼貌。人是渴望被尊重的，人与人之间的交往应是平等且相互尊重的。学生记者和通讯员给记者打电话或者发邮件，要尊重记者，态度诚恳，话语礼貌，措辞得体。打电话时，要多用“请问”“您”“谢谢”等礼貌用语，多用请教的语气与记者交流。如“我在这方面没啥经验，您可否指教我一二”“这个题材不知道您是否感兴趣，我们热诚欢迎您前来采访报道”“欢迎您来学校走一走，我们认识一下，实在见不了报也没关系”。发邮件时，要注意认真填写邮件主题，且突出邮件内容，以引起记者的关注；邮件正文可写上自己发邮件的目的，以及希望记者赐教等话语。值得注意的是，给记者发新闻稿件，请勿一份邮件同时发送多人，否则会令记者认为此稿非“独家新闻”，不必且不可采用。“一稿多投”“多个收件人”往往也被认为是不太尊重记者的体现，宜慎重。

第二，要注意细节。一般来说，初次给记者打电话应在上班时间为宜，不宜过早，也不宜过迟，以免影响对方休息。特别是午休和深夜时间，没有特别重要的事情，不宜打扰。

第三，要保证质量。若邀记者前来采访，应事先考虑：此新闻是否有可能在该报报道。一般性的形式主义活动，或宣传味道过浓的活动，记者是不太愿意采访报道的，因为可能会做“无用功”，或“吃力不讨好”。对于学生记者而言，若将自己采写的新闻稿发给记者，可先掂量下是否有新闻价值，写作是否达到发表水平，若两者全无，则不宜急于联系记者。学生记者应待自己“羽翼丰满”后再给校外媒体记者投稿，以免给记者留下不好的印象。

第四，要表明身份。记者一般对不熟悉的通讯员或来历不明的稿件比较慎重，即便是稿件质量不错，也会先核实其身份方才考虑是否采用。为了保证新闻的真实性、准确性，记者一般还会打电话给通讯员，询问有关稿件的情况，重点核实一些细节或交代不清楚之处。同时，不少记者还会在网络搜索引擎中检索，看看该报道是否在其他报刊或网站上已经见报了。因此，学生记者和高校宣传部门工作人员应在稿件或邮件中写明自己的身份，并留下联系方式。学生记者还可在邮件中提及自己已发表稿件情况，是否有报社实习经历，以期引起记者重视。

当然，若与记者比较熟悉，则可灵活处之，不必太拘谨，但也不可太随意。

给记者投稿的艺术

投稿时“遍地撒网”，说明其稿件没特点，也没认真研究各家媒体的特点与需求。学生记者应“一稿一投”，并以发短信、打电话等方式告诉对方。

在不少高校的校报上，经常可以发现一些学生记者写的稿件挺不错，既有新闻价值，又有可读性。若学生记者将这些稿件及时投给社会媒体，发表的可能性较大。为何一些学生记者并不太注重给媒体记者或编辑投稿呢？

究其原因，大致可归纳为三个：一是不认识媒体记者或编辑，也不懂得如何给社会媒体投稿；二是对自己的稿件没有自信，不敢给媒体投稿；三是完全没有投稿意识，从没想过要给社会媒体投稿。

在我看来，学生记者给媒体记者或编辑投稿，其好处颇多：一者，可以检验自身的采写水平，以及对新闻价值的判断；二者，不时有稿件见诸报端，可保持兴趣和乐趣，增强从事新闻工作的自信心；三者，可提升自己在学校的知名度，可获取到更多采访机会，且对顺利开展采访有好处；四者，发表的稿件可作为今后就业的敲门砖，增加简历的分量；等等。

当然，有部分学生记者给社会媒体投稿踊跃，但对媒体记者了解甚少，投稿的方式很欠妥当。比如，我的邮箱便经常收到不少学生记者发来的稿件，同一个邮件其收件人往往有好几个，甚至有十余个。对于这种方式投来的“通稿”，我通常是不采用的，直接删除，尽管或许其中不乏“金子”。

一些学生记者和通讯员投稿喜欢“遍地洒网”“一稿多投”，即给自己认识或拥有联系方式的记者都一一投稿。在他们看来，网多网住鱼的几率亦大。此举似乎有些道理，却经不起推敲。各家媒体的定位、风格和读者是不一样的，对稿件的需求也自然不一样。毕竟，就同一个新闻事实而言，对于不同媒体来说其新闻价值大小并不相同，有的甚至毫无价值可言。比如，“武夷学院成立动漫学院”这个新闻事实本身，武夷学院师生一般比较关注，学院有关报纸、网站应该予以刊载；学院位于闽北地区，《闽北日报》可以作为动态消息上一个“豆腐块”；对于《福建日报》等省级媒体而言，则完全属于可刊登可不刊登，若要刊登也大抵只是一条小简讯；由于全国高校众多，而一所普通高等院校成立一个二级学院并不是“轰动新闻”，故对《中国教育报》等中央级媒体来说就没有新闻价值了。

“一稿多投”说明通讯员对各个报纸的研读、分析不够，对所写稿件适合哪家报纸刊载也未作研究。如此剥茧抽丝般地分析，便可发现学生记者在写稿件时并没有针对某一家报社、某一个新闻版面而写。如此漫无目的地写稿，其质量恐怕难以高到哪里。

有的学生记者大叫委屈：我的稿件确实是针对某家报纸、某个新闻版面写的，之所以也投给其他报纸，主要是想碰碰运气，没准都“中奖”了，哪怕被一家媒体“相中”也好。这种“东窗不亮西窗亮”的可能性并非没有，一些新闻价值较高的稿件，往往也是各家媒体追逐的对象。我们也经常发现，同一天同城报纸有同一事件的报道，甚至连通讯员署名都一样。

然而，仔细研究不难发现，这类通讯员一般是各部门、各领域的权威人士，如有关单位新闻中心的发言人，办公室、宣传部门对外宣传负责人等，他们掌握着本单位的新闻“源泉”，媒体记者一般会与其建立密切的合作关系。比如各省教育考试院，由于其发布的新闻政策性强，关注度高，往往价值较大，这类单位宣传部门的权威人士在同一天向多家媒体“一稿多投”，往往被视作理所当然的事，甚至没收到稿件的记者会埋怨自己被“屏蔽”了。

一般高校学生记者并非是媒体记者的主要线索、稿件来源，学生记者也不易找到同时令多家媒体记者欢呼雀跃的“猛料”，故学生记者相对权威人士来说处于弱势地位。学生记者的稿件大抵不太成熟，需要依赖记者精心修改，然后提交编辑来获得见报的机会。学生记者的“一稿多投”，会令记者感到这个新闻不是我独家的，我若没处理好则会丢脸，于是索性不理睬。另外，少数稿件价值较大，有的记者觉得过两天可以做个长篇幅的深度报道，然而由于其他媒体记者可能第二天就会见报，便不得不忍痛割爱。因此，记者往往会“封杀”那些“一稿多投”的学生记者，甚至此后不会再与该学生记者联系和合作。

除了“一稿多投”外，有的学生记者发稿心切，将一些自己都不认可、不满意的稿件发给记者，以期“撞大运”。此举并不明智，而且稿件见报的可能性较小。

人们常说，第一印象十分重要，第一印象对你不错，即使你后期有些不当之举，对方亦不会在意，甚至会把“迟钝”理解成“厚道”；第一印象坏了，随后对你会越看越不顺眼，甚至善良之举亦会看作是“做作”。

同样，学生记者投给媒体记者最初的一两篇作品十分重要，若水准较差，记者就会对其留下“此人水平较差的印象”，以后看其稿件往往会漫不经心，甚至有的连邮件也懒得打开，扫一眼邮件主题就跳过去了。反之，若第一次读学生记者的稿件就觉得挺好，记者便会感到一番欣喜：“不错，不错，又发现一个优秀的通讯员了。”故而，后期也会认真读其稿件，能用尽量用，不能用也会指点一二。于是，一种良好的“供需关系”渐渐形成，这对学生记者来说便是件“名利双收”的大好事，既可以多发表稿件，又可获得“名师指导”。

因此，学生记者在稿件尚不成熟时不宜急于向媒体记者投稿，可向校报投稿以“小试牛刀”。待在校报发表了一些习作，掌握了一些基本的写作技巧后，再向记者投稿便水到渠成了。

事实上，从一些社会媒体记者的成长经历来看，他们也是先给校报写稿，待“羽翼丰满”“武艺渐进”后，便渐渐觉得校报“庙小”，而恰巧通过校报这个平台认识了一些校外媒体记者，于是给他们写稿、投稿。其间，他们不时获得记者的指点，随同记者外出采访，或被记者派出去单独采访，不知不觉中积累了大量的采写经验。

所以，学生记者在掌握基本的采写能力后应积极向媒体投稿，但应“一稿一投”，即在采写前就判断这则新闻最可能发表的是什么报纸、什么版面、什么栏目，然后根据该报纸的要求和特点写稿。稿件发出后，学生记者可打电话或发短信告诉记者今天投了一篇稿件，大致内容是什么，以便记者及时阅读、修改、处理稿件。在邮件的正文里，初次投稿者可写上“恳请老师斧正”“希望不吝赐教”之类的话，措辞应尽量谦虚、礼貌。

稿件见报后，学生记者应及时向记者表达谢意，继续向该记者投稿；若稿件未见报，隔一两天可询问记者是否采用，若不用可否再投给其他媒体等。不论稿件是否见报，学生记者都应保持谦虚好学的态度，给记者留下良好印象，以期稿件早日见报、频繁见报。

“一稿多投”弊远大于利

记者往往不想用、不敢用“一稿多投”的稿件，主要原因有两点：有被检验水平的压力；干扰报道思路，导致不能有“太多的想法”。

“一稿多投”，就是指通讯员在同一天或短期内把同一篇稿件投给多名记者或多家媒体。一般来说，有经验、懂规矩的通讯员不会“一稿多投”，即便偶尔“一稿多投”也会在邮件中注明。

学生记者和通讯员的“一稿多投”大致有两种形式：一种是同一个邮件，收件人却是一大堆；另一种是一个邮件只有一个收信人，但发给众收信人的却是同一邮件。

对于前者，往往被视作轻率浮躁，不尊重记者。如，有的记者对此评价说：这个通讯员傻瓜一个、懒虫一个，连给记者一一发一份邮件的时间都没有，这样的通讯员没法令人信任，其稿件估计也不让人省心。许多记者对有“多个收信人”的稿件往往不想用、不敢用，对这类通讯员也是没有好感的。

仔细分析其原因，主要有两点：第一，记者有被检验水平的压力。若自己所在媒体和其他媒体同时刊登这则新闻，各家媒体的角度若不一样，则会被有心人评判优劣。若几家媒体所发的稿件内容、文字大同小异，则无疑是个笑话，记者会被人视作“没水平”，或许会遭到本部门同行的鄙视，也有可能被部门领导训斥。

一般来说，同城同类报纸的相关部门都会去研究竞争对手的版面、内容，并张贴在本部门的阅报栏，供记者们去比较孰优孰劣，做到知己知彼。同城同类报纸记者间竞争十分激烈，都想抢独家新闻，都想做到“人无我有，人有我优”，而由“一稿多投”导致的“人优我劣”，岂不是让记者难堪？

第二，干扰记者的报道思路，导致记者不能“有太多想法”。对于通讯员的来稿，记者通常有以下做法：其一，稿件若无多少价值，则直接予以删除，或置于一边；其二，稿件比较成熟，稍微修改后即可用，记者便在“动了小手术”后立即传给报社了；其三，稿件可用，但由于当天有其他稿件待发，而此稿时效性并不强，于是便决定“压两天”；其四，稿件本身是一个好线索，给了记者一个启发，准备把稿件做成深度报道。然而，由于稿件并非自己独享，其他报纸明天可能会刊登，于是准备“压两天”再发的必须立即处理了，准备做深度报道也只能“搁浅”了。若稿件本身不错，而本报因版面紧张，导致第二天无法刊登，那记者就更郁闷了。

对于第二种“一稿多投”情况，通讯员的做法属于“瞒天过海”。记者由于不知道通讯员已经“一稿多投”，不该“搁”的稿件“搁”了，或者是已经着手深度采访，结果第二天别的报纸已充分报道了，自己所做的功课都成了无用功。由此，“一稿多投”便转变成了“得罪多人”。

有经验的记者在收到通讯员（特别是不太熟悉的情况下）的投稿后，若觉得稿件有发表价值，往往会问一句：“这个稿件有发给其他记者吗?”当然，也有记者因事情较多忘记问了。对此，通讯员应如实相告，否则谎言很容易不攻自破，因为指不定这个稿件第二天在哪家媒体刊登了。

对于有些水平的通讯员初次“一稿多投”，记者可能会善意提醒：“下次有好稿先发给我，不要投给其他报社记者。”若该通讯员屡犯不改，一些记者肯定无此耐心，就不再理睬其稿件，因为“不就是一个通讯员嘛!”

通讯员可能会问：稿件是我花了一番心血采写的，若只投给某一家报社记者，该报不用，那我的报道岂不是没戏了，心血不是白费了吗?诚然，通讯员写篇稿件不易，若是好稿因“一稿一投”导致未见报确实可惜，而且现实中的确存在“此报不用他报用”的可能性。

为此，通讯员写稿时，应根据稿件最可能会发表的报纸的要求而写，把稿件发给最可能会采用的报社。投稿前，通讯员可先致电问问记者对此题材是否感兴趣，且可就怎样写请教记者。投稿后，可询问是否准备用稿。若对方明确表示不采用，则可向第二家报纸投稿，并与相关记者联系。

对于一些比较好的新闻题材，若只给一家报纸投稿很可惜，这时通讯员可根据不同报纸的定位和记者的要求将同一则新闻写成多篇不同稿件，或篇幅长短不同，或角度和立意不同，或分别做动态报道和深度报道，供给不同报社记者分别采用。这样一来，通讯员可多发稿，多练笔，而记者亦有所得，可谓皆大欢喜。

把学本领放在第一位

学生记者不论在校当通讯员，还是在报社实习，都不要跟记者斗气，更不要“当面笑哈哈，背后骂一通”，而要虚心向记者学习新闻采访经验。

有一次，某高校学生记者给我投稿，稿件内容挺不错，核实一些细节，稍微做些修改便可用。然而，稿件后面往往“挂”了一串名字，有三四个之多。根据我当学生记者的经验，这些学生记者可能都参与了采写，对稿件的贡献大小不一，署名靠前的可能负责统稿、改稿，而靠后的或许有照顾的成分。

坦白说，这一堆名字让我颇感为难，因为篇幅不长的稿件带几个通讯员名字并不大妥当。从尊重通讯员的角度来说，应该让他们全部在报纸上“露个脸”，这样便是件皆大欢喜的好事；从记者发稿得分的角度来说，多带名字无疑意味着“友情演出”，因为稿分很低，而且会给报社留下不好的印象。

俗话说，青山常在，绿水长流。只要这些学生记者勤奋写稿，积极投稿，都会有稿件见报的机会。于是，我在发稿时便只署了前两名通讯员的名字，准备后期在署名上照顾其他通讯员。另外，我也想借此机会考验一下这些学生记者，看看他们是否“把学本领放在第一位”。

稿件见报后，麻烦来了：未获署名者来电质问我，为啥没署他们的名字，希望能给一个说法。我把内心的想法如实相告，希望能与他们继续合作写些稿件。

不料，我的解释并未令他们满意，也未获得他们的谅解。一个很直接的反馈是——他们此后再也没有发任何稿件给我，甚至连这个学校的学生记者也极少投稿给我。

或许，我的做法欠妥，但坦白地说，我并没啥损失，仅仅是少发几篇通讯员的稿件而已。而这些学生记者，却失去了一个展示自己的平台，也失去了许多学习的机会。

我不知道，这些学生记者是否在毕业后圆了记者梦，也不知道他们现在何处高就。但每想及此事，内心仍不免为他们感到惋惜和痛心。惋惜的是，这些学生记者自毁了一条通往罗马的路；痛心的是，这些学生记者太不懂事，太过于现实，甚至有些势利。

学生记者采写新闻的终极目标不是在什么媒体上发了稿件、发了多少稿件，而是是否具备了当一名记者的素质、是否能胜任新闻采编工作。正如，大学生在校学习不是看自己喜欢听哪位教师的课、某门课程考了多少分，而是看是否学会了学习的方法、懂得了做人的道理。

记得读中学时，我发现不少学生暗地里和教师斗气，自己喜欢的教师则该科成绩好，不喜欢的教师则不愿意上他的课。其实，吃亏的终究是学生自己，而教师似乎并无损失，他仍然日复一日、年复一年地教书育人，而学生则可能因偏科而影响了“收成”，最终影响了前程。

同样，学生记者不论在校当通讯员，还是在报社实习，都不要跟记者斗气，更不要“当面笑哈哈，背后骂一通”，而要学会换位思考，多站在记者的立场替他人着想，多跟随记者学习新闻采写经验，把学本领放在第一位。即便已担任报社正式记者，在工作中也应多替他人着想，尽量为他人服务，为他人解忧，正所谓“得道多助”。

至于稿件见报与否，它是对学生记者采写水平的一种检验，也是学生记者参与写稿的一种证明。应该说，多发一篇署名稿件是一件好事，但稿件发表并不是最终目标。因为，大家心知肚明，学生记者所发表的稿件大抵是经过记者、编辑修改过的，有的修改成分较大，学生记者参与采写的程度并不能体现出来，用人单位真正看重的是其实际的采写水平。

请记住这句忠告：把学本领放在第一位。

名靠文章著

不写稿，无稿见报，名从哪里来？记者身份又有何用？又何以让人信服你是记者？

有一类学生记者，自加入校报记者团、学生通讯社后，他们并不热衷于采写新闻或偶尔写几篇稿件，即便稿件没有见报，他们既不在意，也不着急，似乎是否有稿件发表并没有多大关系。

按理说，一个学生记者长期没有稿件见报，大抵会有两种情况出现：一为“进”，即继续钻研新闻采写业务，勤奋写稿，虚心请记者团指导老师或记者团老记者指点，争取早日有作品发表在校报上，以免在记者团呆着“没意思”“没面子”；二为“退”，即发现自己不太适合当记者，便悄然退出了记者团。

何以有些学生记者“留守”记者团而不思进取呢？何以一所高校有数百名学生记者而能打硬战的却寥若晨星呢？有学生记者一语破的：慕记者之虚名也。这类学生觉得记者这个名号了不起，可以在同学面前“显摆”“炫耀”，比如在同学面前说“我是校报记者”，毕业时在求职简历上也可写上一笔。

果真如此，则实属自欺也。对于记者来说，名靠文章著，而非嘴上吹。不写稿，无稿见报，名从哪里来？记者身份又有何用？又何以让人信服你是记者？

即使是挂记者之名，毕业时也未必对就业有帮助，毕竟没有新闻作品佐证。假的终究是假的，遇上真李逵，李鬼便现了原形。故肚里没有货，真正写作时就“傻了眼”。

还有的学生记者慕另一类虚名，即十分看重团长、副团长、各部门部长等职务，有的学生记者为了当上团长而明争暗斗，拉帮结派，搞小团体主义，甚至故意在他人背后讲坏话、放冷箭。一旦当上了团长，便利用职务之便故意给曾经的对手或写作水平高于自己的人穿小鞋，恶意排挤他人，使其在记者团难有立足之地。而有的学生记者自我感觉良好，心高气傲，没有当上团长后便不愿“寄人篱下”，毅然离开记者团另谋出路。

这种勾心斗角的行为往往发生在大二、大三年级的老记者身上，它不利于团结，更不利于自身成长。学生记者须牢记：心术不正、胸怀不宽广，人生的路也走不远、走不好。

有的学生记者说，当上团长后平台好、起点高，在校评优评先、外出实习、毕业就业都能靠其团长身份“先声夺人”，有着近水楼台先得月之优势。从已有经验来看，不少记者团团长、副团长确实易就业、就好业，但这只是表面现象，其真实情况是他们在记者团锻炼充分，在外实习扎实，采写能力和综合素质好。

其实，看一名学生记者的水平，往往不是看“官职”高低，而是看其道德品质、笔头工夫和综合素质。学生记者有较强的写作能力，新闻稿件频频见诸报端，若在记者团、通讯社兼了“一官半职”，那是名副其实，即便没有任何职务，亦是“名记”“大记”，令人刮目相看。若没啥文章见报，挂了高“官职”，无疑会遭人笑话。

邹韬奋先生在《忘名》一文中说道：惟其有“实”做基础的“名”，才有荣誉可言；若是有“名”无“实”的“名”，别人依你的“名”而要求你的“实”，你既然是本无所谓“实”，当然终有拆穿的时候，于是不但享不着什么荣誉，最后的结果，只有使你难堪得无地自容的“丑”。①

我颇赞同此论。没有“实”，“名”之何存？当然，我并不奉劝好名的人不要名声，只是建议其在“实”上用足工夫，凭真才实学以及社会贡献赢取“名”。

我认为，学生加入记者团的首要目的应是锻炼新闻采写能力，争取毕业之前能基本胜任新闻媒体采编岗位工作，而非争“权”夺“位”。事实上，记者团也无“权”“位”可争，值得一争的是采访机会和发表稿件的机会。学生记者看轻记者团职位一事，则可对人事关系泰然处之，一门心思用在提升自身采写水平上。

名靠文章著。有一些学生记者通过在媒体上发表了不少稿件，很快就在学生记者中崭露头角、鹤立鸡群，被师生们视为“名记”“大记”。

① 《邹韬奋文集》第 49 页，北京文艺出版社，2008 年。

比如，有的学生记者对我说，他和我一起在《中国教育报》上署名发表了几篇文章，而全校都没有几个学生记者有这个机会，他自然便有了一定的“分量”。于是，有的学院或部门在难以邀请到记者进校采访的情况下，自然而然邀请该学生记者前往采访或整理素材，其作品发表后自然又更受“器重”和“宠爱”。

这种靠写作博来的真实的名气，学生记者该如何看待？是飘飘然以“名记”自诩，还是保持谦虚好学的一贯风格？诚然，学生记者应对自己的进步感到高兴，用一篇篇见报稿件来增强自信心，但也应清醒地看到自己与一名正式记者存在的差距，牢记“满招损谦受益”，弥补自身采写水平的薄弱环节，做到“不用扬鞭自奋蹄”。

名片背后有学问

学生记者的名片不宜把“团长”“副团长”等职务印刷得过于凸显，不宜把获奖、出书等信息印刷在名片背面，以免有“显摆”“炫耀”之嫌。

某次到福建一所高校开设新闻讲座，有一名学生记者同我交换名片，递名片时，该学生记者神态自若，俨然是一名经验丰富的老记者。我接过名片一看，只见上面印刷着其个人联系方式及在大学记者团的职务。

多年来，我在采访中收到了不少学生的名片，他们都是创业或做些小生意的大学生。他们印制名片的主要目的是推广自己的经营项目，便于客户保存联系方式，把业务做强做大。然而，收到大学生记者的名片倒是第一次，目前也是唯一一次。

十多年前，我在求学时也挺羡慕报社记者拥有名片，特别是随记者外出采访时，记者有名片发而实习生没有，名片似乎一下子就把记者和实习生区分出来。由此，名片似乎是一种身份的象征。当时，湖北大学一些学生记者亦有印制名片的冲动，无奈没人敢第一个吃螃蟹。结果，印制名片终究只是停留在口头上、付诸笑谈中，而没人真正拥有自己的名片。

在佩服这名学生记者勇气的同时，我亦在思考：学生记者究竟是否适合印制名片呢？若可以，名片内容有何讲究呢？

《现代汉语词典》对“名片”的解释是：交际时所用的向人介绍自己的长方形硬纸片，上面印着自己的姓名、职务、地址等。从名片的定义来看，名片只不过是一张纸片而已，没啥值得大惊小怪的。过去，印制名片的人大抵有些身份，甚至是身份高贵的象征，比如古代就有“拜帖”“名帖”“片子”之说。然而，现今名片已渐渐演绎成一种联系卡片了。由于可自行设计印制，且制作成本低，于是，一般业务员都有了名片，一些餐馆、酒店都会在服务台放置一两盒名片，供客人根据需要自取。

看来，名片现今并非是名人的专属物。学生记者从推介自己、便于联系的角度来印制名片，完全可以理解且值得倡导。更何况，学生记者在校内是比较活跃的群体，各种活动现场都有学生记者的身影，他们在校园新闻宣传方面的优势得天独厚，开展采访工作也的确需要有名片，也便于他们推介自己。

比如，一些经常在校内外报纸上发表稿件的学生记者，他们在校内是颇有名气和人气的，相当于半个名人，校内师生亦会邀请他们对相关活动作报道。此外，各高校间的学生记者经常交流，或参加一些全国性的大型活动的报道工作，也不时需要交换联系方式。

当前，大学生思想活跃、开放，学生记者可以根据自身实际印制名片，但名片内容应反复推敲。

第一，要淡化职务。学生记者的名片不宜把“团长”“副团长”等职务印刷得过于凸显，以免有“显摆”“炫耀”之嫌。学生记者不妨低调处理职务，把职务用较小字号处理，或直接写上记者而不写具体职务。毕竟，学生记者的名靠文章著，而非“自个儿吹”，记者才是真正值得引以为豪的职务。

第二，不宜把获奖、出书等信息印制在名片背面。在现实中，一些有大学问、大本领的人并未在名片上印制“理事”“委员”“顾问”等，而只在名片正面写上自己在本单位的职务和职称。有人在名片上印制众多头衔，而把本单位名称和职务弱化了，这种情况有时会给人不务正业的印象，当然有时也会被看作“此人颇有能量”。

第三，名片花样和纸张不宜太讲究。学生记者的名片建议用大众化的纸张，样式上可与本校教师保持一致，不宜自行设计过于花哨的样式。

学生记者在给他人递名片时也有学问：第一，递出名片时宜将名片正面朝上，面带微笑，正视对方，双手恭敬地递给他人。对于师长，还应说些“请您多赐教”“希望能有更多机会向您学习”之类的谦语。第二，交换名片要看对象，不宜逢人就送上名片，特别是不宜向本班同学发名片，而应递给与自己有业务往来的师生。

名片之事虽小，但处理不妥则会影响自身形象。在校内，学生记者也不宜因自己小有名气而大肆张扬，须知“学问越高，做人越低调”，不论在采访中还是平时学习生活中，均应牢记“谦虚谨慎，戒骄戒傲”。

从采访对象身上吸取养分

采访其实也是一种学习，不仅可了解采访对象拥有什么样的人生观、世界观和价值观，而且可向采访对象学习做人、做事、做学问的经验。

都说记者要成为一名杂家，是外行中的内行，内行中的外行。作为一名在校学生记者或实习生，如何使自己尽快成为杂家？除了在校的专业学习和课外实践外，还有什么渠道？

应该说，采访便是一条捷径，这是记者职业的天然优势。一次又一次的采访中，学生记者可接触到各种各样的群体和形形色色的人物，有年长者，有年幼者，有工人和群众，也有行政官员和文化人士。他们身上有着宝贵的人生经验，这些经验是他们在工作、生活中经反复实践而总结出来的，有一定的适用性和准确性。

2011 年底，福建农林大学学生记者王选辉随我去采访刚从福州大学党委书记岗位上退休的陈笃彬研究员。在福大的几年里，陈笃彬住在学校的普通学生宿舍，骑自行车“晃悠”在校园，并不要司机接送，以免造成浪费和折腾。有一次，陈笃彬的自行车在校园里丢失了，他也没有责怪、批评有关部门，而是自己再买了一辆。另外，他在退休卸任的第二天，就交出了钥匙，从福大行政办公楼和宿舍搬了出来。作为一名正厅级干部，敬业而低调，认真而节俭，这种品质令人敬佩的同时，无形中也是对记者、实习生的一种熏陶。这种采访与写作的过程，往往就是增长见识、陶冶情操的过程。

喝茶时，陈笃彬在谈及退休后如何与福大现任领导干部处理好关系时，自己始终坚持“三不原则”，即：“不请不到，有请不一定到；不给不要，有给不一定要；不问不说，有问不一定说。”多么精辟！多么实用！王选辉同学后来告诉我，这些东西是在课堂上永远都学不到的。

事实上，一些记者视野的开阔、见识的广博、眼光的锐利、胸怀的宽广、涵养的温和、境界的高远，往往与其工作性质有关，即其把采访视作一种学习，向采访对象虚心请教，在采访中吸收了大量精华的养分。

在采访中，我便常常以学习的心态去与采访对象深入交谈，往往有所得、有所悟，有的成了我难以磨灭的记忆，有的让我受益终身。当然，我离当一名合格的杂家的距离尚远。

2009年，我到福建农林大学采访，时任校长郑金贵教授欣然接受采访，并畅谈了自己归纳总结的“矩形原理”。通俗地说，即个人的出身及家庭背景是矩形的底边，个人的后天奋斗拼搏是矩形的高，而矩形的面积（底边×高）即为个人的成就。他常常用这个理论来教育学生，成为该校思想政治工作的一大亮点。这个通俗易懂的理论，让我对家庭背景、个人努力与发展成就之间的关系恍然大悟。

2007年，我到福建省邮电学校采访时任校长王福贵，他在谈到一个团体内团结互助、携手共进的重要性时讲了“梯子理论”和“螃蟹理论”。一个学校、一个团体好像在四面都是围墙的空地上，给一把长梯子，众人依照一定次序往上爬，先上去的拉下面的，下面的推上面的，则众人都能比较快地爬上去，这就是“梯子理论”。如果众人都争先恐后，互不相让，甚至你咬住我，我钳住你，就好比一盆子螃蟹相互钳制，结果没有一只螃蟹爬出那并不太高的盆子，这就是“螃蟹理论”。当然，这两个理论的科学性尚值得推敲，但其寓意却是显而易见的。然而，现实生活中不乏一些所谓的知识分子没有参透这些简单的道理，比如，职称没评上，就认为其中有猫腻，或四处去找竞争对手的茬儿，或在背后散布流言；一些老资格的同志没有在院系当上“一把手”，就认为学校用人不当、用人不公，找上级部门或媒体告状。其实，有这些闲工夫到处告状，不妨找找自身的原因，沉下心来做做学问，或许终究有一日可实现“莫愁前路无知己，天下谁人不知君”。

除了学会、明白做人做事的一些方式、方法外，记者在采访中还可就一些专业知识与有关专家交流探讨，也可以向专家求教，以释疑惑。

2011年，我到福建工程学院采访该校应用型人才培养情况，与该校校长蒋新华教授座谈了一两个小时。采访中，蒋新华就各级各类院校要立足地方、分级分类培养作了阐述，并重点谈到高校要结合自身传统特色和优势，做强做大优势学科，要有所为，有所不为。当时，我亦说到，当前福建准备做强做大海洋业等新兴产业，由于是省里的重点扶持的产业，各种项目和拨款肯定比传统基础学科的力度要大，担心有的高校放弃自身优势，盲目跟进，导致特色渐失。同时，省里在支持重点产业发展时，也应加大传统基础学科的投入，以免高校走歪掉了。蒋新华对我的观点给予赞许，我亦学习了其观点。

采访之余，我也时常把自己在读书中遇到的困惑向专家求教。譬如，福建师范大学博士生导师、协和学院院长袁勇麟教授，他对现当代文学颇有研究且颇有建树。我读李敖著作时有几个疑问，便向其求教：第一，李敖把自己的艳遇、与前后几个妻子的交往过程一一详细写出，难道不怕自己的儿子看到难为情？不怕读者诟骂？第二，李敖曾表示终生不到大陆，为何如今又多次到大陆，甚至把儿子送到北大读书？袁勇麟结合自己的研究一一予以答复。

谈这些，旨在说采访其实也是一种学习，不仅可了解采访对象拥有什么样的人生观、世界观和价值观，而且可向采访对象学习做人、做事、做学问的经验。学生记者不妨尝试在采访中学习采访技巧以外的知识，变“为了写作而采访”为“为了学习而采访”，使自己的进步快些、更快些。

近些年，新闻战线大力开展“走基层、转作风、改文风”活动，广大编辑记者深入基层、沉到一线，倾听群众声音，反映群众诉求，受到社会各界的广泛关注和热烈好评。其实，树立“以人为本、人民至上”的新闻理念，拜人民为师，向实践学习，不仅是记者编辑所从事的新闻事业的客观需要，更是记者编辑自身成长的内在需求。学生记者若在校学习期间就保持谦虚好学的态度，以严谨认真、勤奋踏实的作风学习新闻采写业务，则走上新闻工作岗位后自然会作风扎实、业务突出，成为媒体器重、社会欢迎的一名人民记者。

附文：

他以点滴言行赢得师生爱戴

——记福州大学原党委书记陈笃彬

本报记者　龙超凡　通讯员　王选辉

他，曾手拿一把火钳，在校园里捡了几年垃圾；

他，骑着一辆凤凰牌自行车，穿梭在校园，一骑就是好几年；

他，还住在学生宿舍，只比普通宿舍多一间办公和会客室而已。

他就是福州大学原党委书记陈笃彬。

2011年12月，在福州大学工作了4年多的陈笃彬退休了。在福州大学工作期间，他以爱岗敬业、勤俭节约的一言一行受到师生们的深深爱戴。

尽职尽责，干工作心无旁骛

2007年3月，陈笃彬从泉州师范学院院长调任福州大学党委书记。刚赴任，陈笃彬就面临3个棘手难题：第一，学校正在进行从旧校区整体搬迁至新校区工作；第二，即将迎接教育部本科教学工作水平评估；第三，偿还建设新校区所欠13亿元贷款。

还有一个巨大挑战是，福州大学前任党委书记任职时间较短，其干部工作改革只进行了一部分。“到任时，中层干部比较少，而搬迁和迎评工作又要立即着手开展。”陈笃彬说。

上任第二天，陈笃彬便召开党委常委会，研究干部工作。当年5月，陈笃彬和班子成员按照干部“凡升必竞”的原则，配齐配好了中层干部。

“用人不存在私心，完全是出于对学校发展负责。”不少干部、教师对陈笃彬充满敬意。

一时间，人心稳定了，各项工作有条不紊推进。于是，福州大学顺利完成了校区搬迁工作，本科教学工作水平评估也获评优秀。

在化解债务问题上，陈笃彬和班子成员也动脑筋想办法，在省委、省政府的支持下，通过4年多的不懈努力，终于取得满意的结果。

2008年，福州大学迎来了50周年校庆。陈笃彬坚决制止铺张浪费，他和班子成员一起定下“不求奢华，不求轰动，但求特色，求实效”的目标，校庆办得简约而隆重。同时，他带领干部们积极筹资，校友和社会企业共捐赠1.2亿元，给学校注入了一笔发展资金。

在福州大学工作的4年里，陈笃彬没入住省政府安排的套房，始终住在新校区的学生宿舍，只比普通宿舍多一间办公和会客室而已。没有外出的夜晚，陈笃彬总是在办公室里工作、学习，夜幕下的灯光成为爱好摄影学生拍照的一景。“住在校内，既工作方便，又可深入了解学校、学生的情况。”陈笃彬说。

有一段时间，社会上传言陈笃彬要调走。有一天，3位七八十岁的退休教师，有一位还拄着拐杖，专程来学校找陈笃彬，言辞恳切地挽留，希望他继续留在学校工作。当获知是“虚惊一场”后，他们才放心离去。对此，陈笃彬很感动：“老人家一把年纪了还在为学校发展奔走，我怎能不全身心投入工作！”

心系学生，育人才不辞劳苦

2007年8月19日，第9号台风“圣帕”入侵。当天凌晨，特大暴雨袭击了福州大学新校区，校舍进水了，积水最深处齐腰深。停水了，停电了，2000多名福大学子被洪水围困！

住在学生宿舍的陈笃彬，理所当然地成为校园抢险总指挥！他通知学校有关领导和部门负责人，然后奔走在各宿舍区组织学生迅速转移到二楼以上。通过讨论，学校决定把学生从校园全部转移出去。

“转移学生务必保证安全！”陈笃彬要求，对转移的路线先派人走一遍，看看积水深浅以及有无水坑。同时，安排教职工站在转移道路两边，以防意外。经过10个小时的奋战，2000多名学生全部转移至旧校区，而陈笃彬在晚上6点多才吃了当天的第一顿饭。

陈笃彬的心里始终装着学生，他喜欢和学生打交道，努力解决学生成长中遇到的问题。一些学生找陈笃彬谈心，陈笃彬不仅热情接待、认真倾听，而且对他们的诉求一一答复。

该校读书交流会会员获悉陈笃彬藏书1万多册，希望同书记深入交流读书心得。陈笃彬欣然答应，邀请他们到自己的办公室围桌长谈。

每个学期，陈笃彬都会带领各部门负责人一起参加“书记与学生面对面”座谈活动，然后根据学生的不同诉求分别解决。

“在宿舍楼和饭桌上与学生交流，提问一般都比较个性化，偏向于个体的需求。而面对面的座谈会，学生的提问就具有代表性和普遍性，两种形式各有益处。”陈笃彬说。

由于高校贫困生较多，陈笃彬早在10多年前就开始自掏腰包资助贫困生了。在福州大学，他每年资助1名贫困生，每月500元，资助人选由有关部门选定。资助前，陈笃彬总会再三叮嘱有关部门：“不要告诉学生是我捐助的，不要干扰学生的正常学习。”

14年来，陈笃彬资助了10多名贫困生，资助金额15万元。这些受资助大学生有的直至大学毕业前夕才知道，资助自己的竟是陈笃彬！

点滴做起，塑文化以身作则

采访中，陈笃彬一再说：“一所大学要有自己的文化，其文化往往影响着学生的气质，就像是泡菜的味道取决于泡菜缸里的泡菜水。”

“每一所大学都应该具备改造社会、造福人类的理想，而师生则要通过自身行为来守望大学精神，这样的大学才有文化，才有氛围。”陈笃彬说，“作为一所大学的领头羊，就更应该从点滴做起，以身作则，努力酿造一种优质的‘泡菜水’。”

来到福州大学后，陈笃彬不仅与学生们一样住进学生宿舍，更令师生们惊讶的是——他上下班所使用的交通工具竟然是一辆凤凰牌自行车！不仅如此，陈笃彬平时吃饭也是在学生食堂！

一名学生悄悄把陈笃彬的“座驾”拍成照片，“晒”到校园论坛上！一些学生起初“打死也不信”，直至亲眼看到陈笃彬骑自行车到食堂吃饭，才相信了这件“稀奇事”。有跟帖者分享了自己的细心发现：“陈书记的自行车有3把锁，他刚去吃饭时只锁了2把，可能是坏了1把。”

福州大学党委宣传部部长庄莉说，陈书记在泉州师范学院时住在校外，上下班也是骑自行车，在福州大学更是骑了4年多自行车！

为何不坐公车？陈笃彬说：“虽然学校给我配了车，但司机住在校外，学校离住处骑自行车才六七分钟，没必要折腾，也避免浪费。”

有一次，陈笃彬的自行车被偷了！福州大学保卫部门获悉后十分紧张，派人全校寻找，无果。然而，陈笃彬并未追究此事，又买了一辆自行车。

吃在食堂、住在宿舍、行靠自行车，师生们悄悄地送了陈笃彬一个“低碳书记”的雅号。

其实，在到福州大学工作之前，陈笃彬有另一个雅号——“火钳校长”！

原来，在泉州师范学院任职时，陈笃彬发现一些学生有乱丢垃圾的不良习惯，他决定“治一治”。于是，他到市场上买了个火钳，下班后到食堂吃饭时拿在手上，一路走一路捡垃圾。这一捡，便是几个月！此事在师生中引发热议，随着“火钳校长”的故事传开，校园里乱丢垃圾的现象逐渐销声匿迹了。

在福州大学任职的 4 年多时间里，陈笃彬的家仍在泉州，与家人分居两地。据司机统计，4 年里，陈笃彬平均每个月回泉州不到一次，并且大多是乘坐大巴和动车！

（原载《中国教育报》2012 年 1 月 12 日）

莫碰新闻禁区

新闻禁区并没有“指示牌”，误闯的可能性仍然存在。采写任何一篇新闻，都要反复揣摩，力争“零风险”。

本校新闻禁区，在校大学生是万万碰不得的。一旦碰到，其后果有时比碰到地雷还要严重，各种麻烦会接踵而至。首先，被批评单位会向校领导上诉，会向你所在院系的领导兴师问罪，其措辞绝对不是“严厉”可以形容的。其次，院系领导马上就会找你谈话，一番恐吓和批评难免。再次，若校领导发下话来，恐怕就要戴上处分的帽子。

不管学校什么人前来问罪，碰禁区者都只能“挨宰”，反抗和争论只会火上浇油。因为没正式踏出大学校门前，学生记者不管有什么“头衔”“光环”，其身份仍是学生，仍受学校的约束。

事实上，学生记者一旦碰了禁区后，往往各种荣誉就没了，“过错”较大者，甚至会扛上一个处分。

有人说：我写了那么多关于学校的正面新闻，将功抵过总可以吧？

然而，将功抵过只是一厢情愿。发表学校有关正面新闻时，可能没人会记住你的好处；一旦写了本校不客观的负面新闻，就有人跟你没完没了。这就是常说的——做一百件好事抵不过一件坏事。现实便是这样无奈。

学生记者写校园新闻碰到禁区主要有两种情况：一是无心之失，二是侥幸心理。无心之失是最容易发生的。一些学生记者把新闻稿件传给报社记者，文章立意原本是正面新闻，但记者为了稿件能见报或为了吸引眼球，删减了正面内容，添加了一些负面的内容。而编辑拿到文章后，再对负面内容添油加醋一番，稿件的批评味就更浓了。这样一来，正面新闻被改头换面后彻底变成了负面报道，而这一切学生记者往往被蒙在鼓里。这种无心之失，最为冤枉，但又百口难辩。

由于侥幸心理碰到禁区，则只能是自认倒霉。一些学生记者在写新闻时，有时知道这则新闻存在争议，但可以拿出来探讨。于是，怀着侥幸的心理把文章传给了记者。结果，记者觉得有“搞头”，一番“深挖”“润色”后，文章分量重了，版面大了，但把反映的问题给放大了。在笔者接触的学生记者中，因侥幸而惹“官司”的并不是少数。

如何避免碰到新闻禁区呢？

一要谨慎结交媒体记者。有的报社记者作风漂浮、心胸狭隘，一心想搞“问题稿”或“捅娄子”。把稿件传给这种记者，无疑是给自己找麻烦。学生记者与报社记者不大熟悉时，要特别慎重，切勿轻信他人。若要传稿给记者，一定要保证稿件没“把柄”“争议”，以正面新闻为妥。

二是慎重采写“争议新闻”。对于学校一些明显不合理的规定和做法，不论是自己发现还是记者要求配合，均要回避不参与。对于一些有小争议但无关紧要的事情，可以尝试采写和投稿。凡是可能会被修改成负面新闻的，别心存侥幸投稿。

其实，校园的负面新闻也可以做，但不宜直接传给社会媒体。学生记者可以通过“校长信箱”、校报“回音壁”等方式反映问题，促使不合理的事情变合理，起舆论监督的目的，也是为了让被批评单位改正不当做法。正所谓“家丑不可外扬”，千万别图多发稿而盲目行事。

三是请校方把关。学生记者有时会遇到一种情况，就是对稿件是否有争议拿不准。这时，学生记者可将稿件送学校宣传部门审稿。若能对外发表，则请有关负责人签字；若不能发，则从中吸取经验。一旦有人把关，自己便没什么责任了。

若一不小心碰到禁区怎么办？若稿件的负面影响正在扩大，第一步就是要配合校方防止事态扩大，并尽可能挽回局面。第二步，才是“善后”。学生记者要为自己的过失感到内疚，虚心接受批评，真心向有关单位道歉，帮助对方做些力所能及的事。

值得一提的是，碰到禁区后千万别心灰意冷、一蹶不振。常言道，吃一堑，长一智。在对过失进行深刻反思后，要扔掉心理包袱继续前行，风雨无阻。

地雷因为埋在地下，肉眼无法看见而触雷爆炸。同样，新闻禁区并没有“指示牌”，误闯的可能性仍然存在。为此，采写任何一篇新闻，都要反复揣摩，力争“零风险”。

到底什么是新闻禁区

高校新闻禁区至少有两个特点：给被报道高校带来了较恶劣的负面影响，其美誉度受到严重损害；被报道高校对这类报道十分反感。

曾在一些讲座中，不少学生记者提问：要不踏入新闻禁区，首先要知道禁区所在。那么，到底什么是新闻禁区呀？

这个问题值得探讨，不少学生记者由于社会经验和工作经验较少，很难事先预测到新闻报道后会产生多大的影响，对于负面报道的认识比较肤浅。且先看看由学生记者参与采写或提供线索见报的一个具体事例。

2002年某报报道一所高校“大学生公然泡起‘鸳鸯浴’”。报道以记者实地隐性采访的形式，报道该高校校园附近大学生情侣在同一单间浴室一起洗澡，即在该校后门处的一个浴室，不断有男女大学生成双成对进进出出，浴室的生意看来很不错。

这则新闻见报后，在社会上引起轩然大波，不少媒体和网站纷纷转载，各种评论铺天盖地。一时间，被报道高校陷入舆论批评的漩涡，压力巨大。当然，这则报道严重失实。

特别说明的是，引用这则事例旨在说明什么是高校的新闻禁区，让更多的学生记者和通讯员学会避免踏入新闻禁区，并没有任何攻击被报道高校和相关记者的意图。

从这个事例可以看出，高校新闻禁区至少有两个特点：给被报道高校带来了较恶劣的负面影响，其美誉度受到严重损害；被报道高校对这类报道十分反感。由此，对于学生记者和通讯员而言，新闻禁区就是可能给学校带来严重负面影响甚至是恶劣影响的新闻事件。

且列举学校比较忌讳的新闻，涉及学生方面的有：学生因情感等各种原因自杀，学生食堂发生集体食物中毒事件，学校发生严重火灾，新生军训时或体育课上学生猝死，校医院庸医医死人，学校发生械斗或杀人案件，学生情侣在宿舍内同居，学生从事传销工作或色情服务；等等。涉及教师方面的有：校领导贪污受贿，教师师德作风败坏，教师抄袭论文；等等。此外，还有一些学校服务方面的漏洞，比如宿舍条件差、师资问题严重、公寓管理混乱等。

或许有人会说，发生类似的事情，若不作报道，岂不是有昧良心？

其一，这些比较敏感的新闻事件，学生记者的报道较难做到完全真实和准确。由于学生身份的制约，学生很难理直气壮地去采访学校有关负责人或知情人；由于学生记者经验水平的欠缺，学生所写的稿件难免有“禁不起推敲的地方”。比如，在“鸳鸯浴事件中”，报道就有多处硬伤：一是“位于某高校后门处的浴室”，报道没有指出浴室在校园内还是校园外，容易引起读者误会浴室在校园内，而事实上浴室位于校园外，且距离校门较远；二是“男女大学生成双成对进进出出”，报道中记者既没有看到“男女”的学生证，也没有问“男女”是哪里的，记者凭什么说他们是大学生？凭什么说他们是这所学校的大学生？难道不可以是校园外的社会青年男女？这两处硬伤，足以让校方状告有关记者和报社且胜诉。

其二，要正确认识和看待负面报道。有一些记者没有新闻敏感性，只知“烧、杀、抢、奸”是新闻，天天期待出现此类新闻，而在寻常事件中找不出有新闻价值的线索。个别记者唯恐天下不乱，一旦找到负面新闻线索全身热血沸腾，激动不已，他们想通过负面新闻做大自己的影响，或达到个人的某些私欲，似乎忘却了舆论监督的用意在“监督”，通过“监督”促进“改正”或“优化”，而不是要将对方“一棍子打死”或“笑看风云”。事实上，不论什么媒体，均要以正面报道为主，通过正面报道来鼓励人、激励人、引导人。对于高校来说，值得报道的正面新闻很多，学生记者何必仅仅把目光盯在一些工作有待改进的事件上？

学生有责任感、使命感、正义感是一件好事情。对于学校存在的问题，学生记者没有必要、也不可能全部通过媒体来解决。学生记者不妨以商量、建议的口吻，给“校长信箱”写信、在校园 BBS 留言，或直接在适当场合向校方提出。一般来说，在以生为本的教育环境下，许多高校十分重视学生提出的合理建议和意见，并给予解决。比如，福建师范大学就推出了“书记早餐会”“校长面对面”的做法，校党委书记、校长定期与青年学生代表座谈，听取和收集学生的意见与建议，能解决的立即解决，暂时不能解决的由相关部门说明原因。

学生记者应把新闻采写的主要精力放在挖掘本校具有亮点、闪光点的新闻事件上，这样既锻炼了自己，又推动了学校的发展，岂不是一件美事?!

误入禁区后的应对

面对校方问责，学生记者应沉着冷静，说明事情的来龙去脉，主动提出补救措施，并真诚地向有关单位或人士道歉。

前文已述，大学生写校园新闻踏入禁区主要有两种情况：一是无心之失，二是侥幸心理。应该说，学生记者踏入禁区的几率不大，也极少有人“倒霉”，但其可能性仍存在。一般来说，学生记者采写的校园新闻触犯了禁区，其报道十之八九存在“漏洞”“把柄”，等待其的将是一场残酷的“暴风雨”。

我曾见过一个很有前途的学生记者，大二时已经在不少社会媒体发表了新闻稿件，然而有一次给新闻媒体记者报了本校的一个“猛料”，结果稿件见报后引发了轩然大波。尽管该学生记者在稿件上没有署名，但仍被学校发现是其向媒体提供的线索。事后，他受到了校方多次严厉的批评，胆子变小了，既不敢到媒体实习，也不敢给媒体投稿。也就是说，他放弃了追求记者梦想，毕业后也未能到媒体工作。

那么，作为一名学生记者，不小心碰到禁区后该怎么办？

第一步，说明事情的来龙去脉。当学院领导或有关部门的负责人前来了解情况或问责时，首先要做的便是尽量心平气和地说清楚事情的来龙去脉，表明自己是无心之失。比如，原本是想报道学校某一方面的新鲜做法，结果稿件传给记者后，记者从“副作用”的角度来看问题，从而把报道改成了带有争议的新闻。记者大改文稿的事情自己事先不知晓，修改后的新闻稿记者也未给自己看，否则自己肯定会反对，请求撤稿。学生记者若确认主要原因在于报社记者乱改稿件，则可将自己发给记者的稿件打印出来给相关领导过目，或直接将邮箱中发给记者的信件打开，表明自己也是受害者。

第二步，主动提出补救措施。为了防止事态进一步扩大，及时消除不良影响，学生记者应站在学校的立场，与学校一道商议补救措施。对于失实的一般性新闻，可请记者继续作跟踪报道，进一步说明事情的原委。对于严重失实的新闻，则建议学校出面要求报社和记者致歉，并刊登致歉信及更正信息。对于确因学校过失或责任的新闻，则建议学校在校园网站上作“公开申明”，并通过整改消除影响。

第三步，真诚地向有关单位或人士道歉。学生记者应为自己的过失感到内疚，虚心接受批评，真心向有关单位道歉，并帮助对方做些力所能及的事。

当然，这一招术并非适合于任何时间、任何地点和任何事件。比如，学生记者所采写稿件给学校或某学院带来很恶劣的影响，不能获得相关人员的原谅；原本过错不大，但遇到的是一个很固执、很小心的领导，则容易被严肃追究责任。对此，学生记者应采取一些特殊策略来保护自己。比如，通过亲戚朋友来给学校打“招呼”，或请学校相关部门领导帮助化解危机，以尽量避免自己受重大处分，达到大事化小、小事化了的效果。

学生记者可能会问：“学校工作确实存在不足的地方，我客观报道了，这是记者的本分。我没有错，他们爱咋样就咋样！”这种公然与校方对着干，不会有好果子吃。毕竟，学生记者的身份首先是学生，其行为尚需遵守学校的各种规定。另外，母校的荣辱兴衰与每一个学生休戚与共，母校是学生成长过程中的又一母亲。

当然，我们提出应对策略，并不是提倡大家踏入新闻禁区，学生记者也不能因有应对策略而麻痹大意，更不能有恃无恐。

答学生记者四问

实习生在报社的角色是跟随记者学习而非工作，故实习生应注意提高新闻采写水平，看轻、看淡收入，分清主次，把目光放得更远一些。

问：到报社实习有稿费或补贴吗？

答：当前，不少大学生到社会上实习，都会有生活补贴，少则数百元，多则一两千元。特别是一些高职院校的学生去顶岗实习，由于直接能在生产一线从事技术性或服务性工作，能给企业或单位带来经济利润，故会得到补贴或工资。但新闻媒体比较特殊，一则各岗位都已经安排记者了，加之新闻版面紧张，一般不太需要临时帮手；二则前往报社实习的实习生大多没有采访经验，很难独当一面，故很多报社较少安排实习生单独外出采访和单独署名发稿。简单地说，对于不少报社而言，是否要招聘实习生完全属于可有可无，也不大指望实习生能够做多少事情。从这个角度来说，报社不给实习生发工资和稿费也是合情合理的。

事实上，实习生在报社的角色是跟随记者学习而非工作，报社并未拿高校的人才培养经费，记者更没有收指导费，完全属于义务为高校人才培养的实践环节服务。据我了解，当前绝大多数报社不给实习生工资和稿费，且实习生在实习期间所发生的一切费用完全由个人承担。不过，个别中央媒体驻地记者站会给实习生一些稿费，此举主要是为了刺激实习生的采写积极性。

我的看法是，实习生到报社实习，主要目的是提高新闻采写水平，积累新闻采写经验，要看轻、看淡收入，分清主次，把目光放得更远一些。

问：怎样给社会媒体记者投稿？

答：一些学生打电话给我，询问如何投稿事宜。起初，我以为这只是个别学生的提问，没想到不少学生记者存在此疑问。给社会媒体记者投稿，首先要知晓记者的联系方式，通常可投到记者的电子信箱。在邮件中，学生记者应注明自己的身份、电话、是否已有在新闻媒体发表文章等信息，以便记者了解投稿人的情况。初次投稿，学生记者不仅要介绍自己的基本信息，而且要认真措辞，虚心向记者求教，以期得到记者的指导。投稿后，学生记者可通过短信、QQ信息等方式告知记者。

那么，记者的联系方式哪里来？第一，可向高校党委宣传部负责对外宣传工作的老师要，他们手中都有许多记者的信息；第二，可向与记者有联系的记者团成员要，他们甚至还知道记者对新闻稿的喜好；第三，可在网络上搜索，当前，不少记者都开通了实名博客、微博，上面不难找到记者的联系方式，另外，在百度等搜索引擎输入记者的名字，也可能找到记者的电子信箱和电话号码。

问：怎样知道所投稿件是否被录用了？

答：一般来说，记者对不太熟悉的学生记者和通讯员投来的稿件是比较慎重的，不会不经核实就直接采用。若稿件毫无价值或写得太差，记者一般会“冷处理”，即不回复也不采用。毕竟记者工作太忙，不可能也没有精力对通讯员的投稿一一答复。若稿件写得不错且有刊登可能，记者则会去核实其真实性。

记者核实稿件的真实性或不清楚的细节，往往有两种做法：一是联系该校党委宣传部有关人员，询问该校是否有这个学生记者、水平咋样、这则新闻学校看过没有等。二是联系投稿者，仔细询问稿件中存在的疑点或漏洞，确保稿件不出纰漏。在核实了真实性后，记者再修改并将稿件发出去。

对于学生记者来说，若没有接到记者有关拟用稿件的电话或信息，则表示稿件可能没被记者“相中”。若有接到记者核实稿件内容的电话，则表示记者拟用该稿件，但并不等于就可以刊登，因为用稿权在报社编辑和编辑部值班主任手上。

学生记者大体可通过四种方式查询自己的稿件是否录用：第一，在百度新闻中检索该记者名字或关键词；第二，投稿后每天登陆该报纸电子版，仔细阅读查询；第三，关注该记者的工作博客和个人网页，因为不少记者会把发表的文章张贴在博客或个人网页上；第四，直接联系记者本人，通过手机短信、QQ信息等方式询问稿件是否刊登，当然学生记者若与记者不太熟悉，则不宜频繁直接向记者询问。

问：如果去采访一个很忙的学者，而且占用了他不少时间，由于种种原因那篇稿件没有见报，但采访前又说过会见报，那该如何向被采访者解释呢？之后又该如何重建因此而丢失的信任感呢？

答：首先，学生记者需要明确的是，记者采访的稿件并非全部能够见报。记者负责采写新闻稿件，采用刊发权在编辑部。据一些中央媒体驻福建记者站的记者们说，记者站所采写的稿件大抵只有六七成会刊发，其他则无法见报。其次，学生记者在采访时，不应向被采访对象承诺稿件定能见报。面对被采访对象询问是否能见报，若是自己选择的选题，学生记者可以委婉地说："我只是觉得这个题材很有新闻价值，写好后会给一些媒体投稿，是否会被采用，我没有把握，希望您能理解。"若是报社记者确定的选题，见报可能性较大，学生记者可以谦虚地说："这个稿件是某报记者请我采访的，我会认真写好这个稿件，然后发给记者，积极向记者推荐。"

一般来说，只要学生记者保持谦逊诚恳的态度，话不要说得太满，留几分余地，尽可能地向对方说明用稿情况，对方一般是会理解的。

别上假记者的当

假记者的特征有“来头不小”、语出惊人、不请自来、开口索要、没有采访过程等。有关单位和个人可采取请其出示记者证、网络检索等方式甄别。

假冒伪劣产品经常可见到，假新闻不时被记者炮制出来，而假记者其实也真实地存在着。

曾多次应邀到高校参加校庆活动采访，一些宣传部长告诉我：“今天来的记者真不少，没有邀请的也来了一大堆，还有不少是假记者。”我问：“你怎么辨认出是假记者呢?”对方答：“这些人不请自到，单位名称恰如冷僻字一样闻所未闻，人也没见过，有的连名片都没有，只有一张莫名其妙的介绍信……”

对方还告诉我，有的人冒充某报记者签到了，材料也领取了，结果当该报真记者来时闹出误会。真记者看到签到本时几乎傻了眼：自己的名字赫然在目，却不是自己的手迹。

有的宣传部长把自己当天收到的名片给我一一看了，除了少部分为学校主动邀请外，大部分名片上头衔一大堆，有各种各样网络的，听都没听说的网站，而这些所谓的媒体似乎与学校的各项工作没有任何关系……

有一次，我特意站在某高校庆典的媒体接待处仔细观察：冒充记者的人往往由学生志愿者领来，走路大摇大摆，向工作人员简单介绍自己是何媒体，然后便问哪里签到，怎么签到，主动索取校庆纪念品。

其实，我也曾和一些假记者“过招”。由于记者站年检等缘故，记者站的联系方式便公之于众了。有的假记者便打电话，自我介绍后表示想来拜访我。其中，有的所谓记者登门后，递上的名片往往印着中央媒体驻福建办事处下属什么专题部，职务往往也是“总编”“主任”“站长”等。对方一开口则又令你大吃一惊，其大意是：你们省教育厅领导最近情况怎么样，我们很熟悉；我跟省委某领导很要好，经常一起喝酒……

然而，在“中国记者网”输入其名字和单位，则查无此人；在网络搜索引擎输入其名字检索，也不见其“大作”。

此后，在有关采访场合遇到个别假记者，他们有的虽然年长于我不少，却总是笑容满面地先跟我打招呼，然后嘘寒问暖，搞得像很要好的一样。记得其中一个假记者，我曾在某中职学校校庆时意外遇到他，主动索要礼品，然后去酒店吃工作餐，他竟然打电话又邀了三个人一起来“庆祝”。事后，当然也没有见到该记者对这所中职学校的新闻报道。

人生如戏，在此可见一斑。

假记者骗吃骗喝倒还罢了，一些单位也没有去较真。然而，不少假记者“登梯上房”，以负面报道来恐吓有关单位，采取种种手段暗示或明示对方“拿钱消灾”，否则要发“内参”，或大篇幅见报。

在此说说假记者的大体特征：

其一，“来头不小”。只发名片不出示证件，名片上印制的头衔特点一般是“来头大”“头衔多”，而且往往是一些知名报社下属的部门。这种情况一般是一些报社记者站把部分业务转包给他人，以开展一些创收工作。

其二，语出惊人。往往在闲聊中似有意又似无意地提及与某些领导、干部很熟悉，而且交情很深、很要好，显得其货真价实，在政界混得不错。

其三，不请自来。一般来说，大凡有些名气的记者、大报记者，不会成为校庆等大型活动的不速之客。除非是重大题材或报社约稿，“大牌”记者才会主动联系不熟悉的学校或有关单位，待同意后前来采访。对于新闻价值不大的庆典、酒会等活动，真记者一般不会唐突地不请自来、不期而至。

其四，张口索要。假记者参加校庆、纪念活动的最终目的是骗吃骗喝，索要一些礼品和钱财。真正有些水平的记者大多是有尊严的、有人格的，即使有关单位发放礼品，也会婉拒与谢绝。

其五，没有采访。假记者往往重签到而不采访，在目的达到后，往往就会“抬腿走人”，而不会提出自己要采访谁，去哪里采访，更不会谈及如何发稿了。有的所谓记者参加庆典竟然是两手空空而来，没有携带笔记本、笔和采访包等采访辅助工具。

除了以上特征可识别假记者外，有几个便捷的方式可以鉴定其是否是真记者：

其一，请其出示记者证。原则上未持有国家新闻出版广电总局统一印发的新闻记者证，一般不是记者。当然，也有极少数刚进报社的年轻记者，由于尚未参加新闻从业人员资格培训而无法领证，但他们一般持有本报社或电视台自制的采访证或工作证。

其二，在中国记者网搜索。若持有记者证，在网站指定位置输入其姓名、报纸名，都能搜索到。

其三，在网络搜索引擎中输入其名字，或输入报纸名和其姓名，看其是否有一定数量的稿件见报。若无稿件见报，往往就有较大的嫌疑。

其四，致电该报热线或有关记者和编辑，询问是否存在这个记者。若有，可进一步询问其性别、年龄、长相等，之所以如此，因为有的人冒充真记者之名在外行骗。

当然，假记者的呈现方式还有其他类型，有关部门和学生记者须细心提防。对于学生记者来说，应仔细甄别，不宜偏听偏信，切勿跟随其一起实习、采访。另外，学生记者和通讯员在今后的工作中绝不可假冒记者骗吃骗喝、敲诈勒索，因为假的真不了，迟早会露出马脚，进而受到法律的严惩。

说说白跑一趟的采访

对于大广告客户，报社一般是不会刊登其负面报道的。这时，记者或实习生只能间接“伸张正义”：或转让线索，或通过其他媒体发布。

某实习生在一家报社实习时，曾有一次到某大商场采访顾客与商家的纠纷，回来后正欲写稿，另一实习生好意提醒说：“这家商场是报社的广告大户，你写了也不会见报。”该实习生不信其说，仍旧如实写了稿件，结果稿件立即被记者枪毙了。记者的理由很简单：报社不会因发一个小稿而损失一个大广告客户。

其实，对于“广告至上”的这样一条潜规则，不少记者都心知肚明，而一些刚去报社的实习生、刚入职的记者未必知晓。于是，实习生采访中不时会撞上广告客户，稿件自然是不会见报，采访成为白跑一趟罢了。

只要认真关注某一份报纸，不难发现，经常在该报刊登广告的企业、单位，该报一般是不会刊登其负面报道的。一些报纸的舆论监督，往往监督的是与报社没有什么广告业务来往的单位，或是当地重点保护的企业。举例说，中央电视台报道的一些地方著名企业的违法行为，当地媒体未必事先不知晓。又如，不少城市的媒体很少报道当地有关房地产的负面报道，其缘由也是有广告因素在内的。

我曾在武汉采访过这样一件事：一小伙子患有狐臭，看到武汉某报刊登了有关割狐臭的广告“随治随走，无需缝针”后，前往该医院进行治疗。结果，该医院不仅收费价格比广告上标注的高，而且在切割狐臭时发生医疗事故，导致该小伙子腋下感染流脓。据该小伙子说，他曾给该报打了若干电话，但没有人理睬，更别说采访此事了。

应该说，报社不让刊登的舆论监督文章，除了上级有关部门不准刊发的外，大抵是广告因素的，并非是其人脉多么了不起。《南方周末》

记者柴会群在报道《“送子神话”的背后》后曾撰文称，长江医院能摆平诸多媒体，其实也不是因为他们有多强的关系，而主要是间接的或直接的广告因素，也就是钱的因素。

既然一些报社存在这样的潜规则，那实习生该如何知晓哪些是报社的大客户呢？

《红楼梦》中，贾雨村就任应天府府尹，接了薛蟠打死人的案子。贾雨村正欲发签差公人缉拿凶犯，一个门子递给他一份“私单”，称“凡作地方官者，皆有一个私单，上面写的是本省最有权有势，极富极贵的大乡绅名姓，各省皆然，倘若不知，一时触犯了这样的人家，不但官爵，只怕连性命还保不成呢！所以绰号叫作‘护官符’”。

报社是不可能有这样的“护官符”的，记者或实习生也不会因为不懂“护官符”而丢掉饭碗或实习机会，只不过是报道被扼杀在摇篮里罢了。其实，实习生要想知晓报社潜在的“私单”很简单，只需要多浏览报纸的广告，重点关注长期、定期大篇幅刊登广告的客户，然后牢记心中便可。

有实习生可能会问：记者是“铁肩担道义”，就是要“为人民服务”，为何在报道中还缩手缩脚？难道眼睁睁看着不平事而束手无策？应该说，由于涉及所在报社的经济利益，因此记者采访的报道无法在本报发表，编辑那一关就过不了。记者或实习生若打算离开这家报社而另谋高就，不妨把这则新闻供给相关报社，或通过其他媒体公之于众。当然，也可给其他媒体记者提供线索，只要这条线索是条“大鱼”“鲜鱼”，应该会有媒体记者“感冒”的。这样，记者或实习生也算是间接“伸张了正义”。

对话《中国教育报》记者李益众

［人物名片：李益众，男，1982 年生，湖南永州人，2005 年毕业于四川师范大学教育科学学院。在校期间，曾担任《四川师范大学报》学生通讯社社长，曾在《成都晚报》实习。现任《中国教育报》四川记者站记者，《教育导报》首席记者。曾获全国教育好新闻奖、四川新闻奖等众多奖项。］

勤奋，一如既往勤奋刻苦

龙超凡：对于不少新记者来说，踏入新闻工作岗位后，往往是兴奋与茫然交织着。这时，不仅仅是身份由学生到记者的变化，更多的是面临独立采访、独立思考和独立写作。能否说说你最初做记者时的一些故事？

李益众：我职业生涯的第一次出差，是跟一位前辈王哥去四川南充采访。当时，报社接到一位教师的投诉电话说，因为企业霸占校舍，有一所小学短短几年时间内连续 4 次搬迁校园，教师学生疲于应付。

那时正是 2006 年的 6 月中下旬，天气炎热。因为是暗访，是负面报道，没有车接车送。王哥带着我顶着烈日先后走访了这所学校四处不同的校址，还到学校附近的工厂探访污染情况。

采访结束后，王哥问我，谁来写稿子？我毫不犹豫地把写稿子的任务应承下来。当天吃了晚饭后，我写稿子，写好后王哥一边改稿一边给我介绍每一处改动的原因。当天晚上，我们就把一篇大约 3000 字稿子发回了报社。

9 月份，杨哥带着我到最为偏远的民族地区阿坝州出差一个星期。一路上，我也是主动把所有的采访和写稿任务承担下来，总计大概有一万多字。杨哥则专心拍照，并对我的采访和写作进行指导。那一路，我们工作得很辛苦，但确实拍了不少好照片，写了不少好稿子。

9月底，领导把我叫到办公室，通知我可以转正了。在经历了一个多月的试用期后，我顺利成为一名正式的教育记者，是《教育导报》试用期最短的记者之一。

龙超凡：现在回想起你实习期间的故事，你觉得可以给人什么启发？

李益众：我觉得主要有两点启发：第一，跟老记者一起出去采访，实习记者要尽量抢着写稿；不是抢着写其中的某一两篇，而是尽量抢着写全部的稿件。第二，以最快的速度交稿，甚至必须抢在总编或老记者给你限定的时间之前交稿。写稿速度慢或者时间不够都不足以成为拖延交稿时间的理由，放弃休息时间，周末写稿、熬夜写稿，应该是新记者的常态。

龙超凡：你的意思是新记者要勤奋工作？在新闻采写方面不要怕吃苦、吃亏？

李益众：可以这么说。成功从来不是一件轻松的事情。要成为一名优秀的记者，不仅实习期间应该勤奋，而且应该一如既往地勤奋刻苦。在我当实习生的时候，我很害怕在采访中漏掉了关键信息，总是诚惶诚恐地把受访者的每一句话都记下来。一场采访结束后，由于受圆珠笔的压迫，右手的中指往往酸痛难耐。至今，我依然保持了详细记录的习惯，每次采访右手中指都会备受煎熬。

最近几年，我常常带实习生一起出去采访，我发现他们的记录没有我的详细。写稿时，他们才发现很多重要信息都漏掉了。我觉得，这是牵绊他们走向成功的一个很重要的原因。

这些年来，我还从同行那里学得了一个比较好的采访经验：采访时，尽量做最详细的记录；写稿时，完全抛开采访本，全凭记忆写作；交稿前，拿出采访本与稿件比对，核实其中的关键信息和数据。 方面，能够回忆起来的内容肯定是最为重要的，也是读者感兴趣的；另一方面，根据回忆写出的稿子更生动活泼，可读性更强。

语言，永远追求语言优美

龙超凡：你是学教育学专业的，你觉得这对你从事教育记者工作有帮助吗？

李益众：在工作中，不少人问过我这个问题。其实，我对教育学的认知和理解都很肤浅。相反，我觉得高中和大学时代打下的文学底子对我的新闻写作大有裨益。在组词造句、布局谋篇、结构文章等方面，新闻跟文学是一脉相承的。

新华社老社长穆青积极提倡“新闻写作散文化”，他的这一观点对我影响特别深刻。受这种新闻观念的影响，我一直致力于多写细节，少抄文件，多讲有趣的故事，少作空洞的陈述。至少在写人物报道上，我们是可以放开手脚，用尽心思写细节，全力以赴写故事。

龙超凡：对于新闻写作散文化，你有践行吗？有何体会？

李益众：几年来，我在如何增强文章的可读性，如何让教育新闻读起了更具文学的美感，也就是新闻的散文化方面下了点工夫，也有一些粗浅的思考。

首先，要有故事，要有细节描写。故事和细节在对方提供的材料里不可能有；在跟对方的正式采访中也很难得到；只有在轻松愉快的氛围中才能无意中流露出来。我觉得，真正的好稿子都是一句话一句话从受访者口中掏出来的，然后再一个字一个字地从采访本上梳理到文章中的。对方提供的材料永远只能做参考，不可能根据文件材料写出好稿子。

其次，要有真故事，真细节。我发现，在很多稿子里，包括在我自己的稿子里，常常会有很多教师帮助学生，学生感恩教师的故事。这样的故事千人一面，老得掉牙，读来很乏味。我觉得，不能为了故事而故事，为了细节而细节。故事和细节必须满足两个条件：一是生动有趣，二是有助于反映主人公的鲜明个性。

第三，艺术化地再现故事和细节，注意语言的优美。在写故事和细节时，有两个方面需要注意：一是尽量用短句子。让读者读起来铿锵有力，也更容易理解。二是尽量把段落分得更短一些。让读者读起来简洁明了，逻辑清晰，一气呵成。

龙超凡：我认真读过你写的许多人物报道，确实细节多、故事多。其中，你报道的电子科技大学 27 岁教授周涛反响甚好，可否谈谈你在采访他的时候如何挖细节和故事的？

李益众：我是受学校之邀前往采访周涛的，似乎有点临危受命的意味。2010 年 3 月初，电子科技大学 27 岁的青年教授已被市场媒体作了很泛滥的报道。但是，这位“学术天才”被解读成了“麻将神童”，周涛本人和学校层面都很不满意。此后，学校宣传部长受校领导的委托，想邀请教育行业报的记者进行深度的报道。于是，电话就打给了我。

我第一次去采访，恰逢周涛出国了，没有见到本人。学校宣传部为我提供了很详细的资料，而且把学校“人才强校”的一系列举措也提供给我，希望我多多宣传学校的政策。我利用闲聊的机会，也对宣传部的两位同志作了详细的采访。

但是，我并不急于动笔，而是等待跟周涛见面的机会。大约半个月后，我见到了周涛。在一个周末的早上，我们在电子科大的校园内访谈了 2 个多小时。临近中午了，素材收集得差不多了，也实在找不到有趣的话题可以继续聊下去，我准备告辞。

这时，宣传部的同志礼节性地说，我们一起吃个饭吧。我的第一反应是婉言谢绝：不吃了，我回家还有事。对方再三邀请，我便在心底想了：跟周涛一起吃饭，不也是一个很好的采访机会吗？于是，我决定跟他们一起吃饭。

这时，我跟随周涛来到他的办公室，留心观察了他的工作环境。当时，距离吃饭的时间还有半个多小时，我们便酣畅淋漓地打了一场羽毛球。吃饭时，周涛将他的学生一并带上，我也就感受到了他们师生在火锅旁热烈交流的真实状况。由于见到了生活中真实的周涛，周涛这个人物形象在我的脑海里渐渐地清晰了。

由于采访较为扎实，写稿的速度很快；故事和细节较为充分，见报的速度也很快。这篇稿子在《中国教育报》人物版见报，并被评为月度好稿。后来，《青年文摘》的编辑打电话跟我说，他们转载了这篇文章。

思考，决不放弃独立思考

龙超凡：你曾连续多年拿到《中国教育报》年度先进记者荣誉称号，取得这个优异成绩的秘诀是什么？

李益众：其实也没什么秘诀可言，我的看法是，对于一名记者来说，绝不能放弃独立思考。

老实说，我对新闻的思考是被逼出来的。在我最初担任《中国教育报》四川记者站专职记者的时候，面临两方面的困难：第一，纯粹正面的报道很难见报，发稿任务很难完成；第二，新闻性较强的题材大多带有负面性，会给四川教育系统抹黑。那么，如何才能做到既有利于正面宣传四川教育事业发展，又能够提高稿件的见报率呢？

我多番思考和探索的结果是：尽量打擦边球。如果是正面报道，我就选择采取独立的姿态去分析和解剖，发现其中存在的普遍性的问题，以求顺利见报；如果是问题报道，我选择既充分揭示问题，又展现出受访对象为解决问题所做的努力，不至于伤害具体的个人和单位。一个总体的思路是，以发现问题、分析问题、解决问题的逻辑来结构文章，既有普遍的指导意义，又不会伤害具体的受采访对象，还会展示教育工作者为解决问题所作的思考和付出的努力。

龙超凡：对于正面报道，你如何采取独立的姿态去分析和解剖？举个例子来说说？

李益众：2010 年 7 月 5 日，我去成都信息工程学院采访。宣传部长跟我说，7 月 10 日学校将启动两个大型的社会实践活动，希望能够在《中国教育报》上见报，最好能够有 2000 字以上。我明确地告诉这位部长，这绝对不可能。像这样的活动，如果运气好，可以发一条大约两三百字的简讯。

但是，事情并没有因此画上句号。随后，宣传部长叫来了校团委书记和学院领导等人，详细介绍了学校开展大学生社会实践活动情况。

在校团委书记介绍的庞杂内容中，我发现了一条新闻线索。她告诉我：学校大约有一半的学生会参加学校或学院组织的暑期社会实践活动。我敏感地问：另外一半学生呢？对方回答说：他们自行去参加社会实践，属于个人行为。我问：效果怎么样？她说：效果很差，很多人都是回到自己的村委会或者社区居委会盖个章就回学校交差了，混个学分而已，根本没有开展具体的活动。

这时，我的心里豁然开朗，新闻点终于找到了。后来，我写的《谨防大学生社会实践流于形式》的稿件发在《中国教育报》2010 年 7 月份的二版头条“热点透视”栏目。文章分三个部分，第一部分展示问题，以具体案例的形式展示大学生社会实践个体户存在的问题；第二部分分析问题，谈大学生暑期社会实践存在的普遍问题和问题形成的原因；第三部分解决问题，写成都信息工程学院在大学生暑期社会实践方面的探索和成就。

几年来，我在《中国教育报》上发表了大量的新闻分析，都是带着这样的思路去审视教育问题的产物。首先，总体来说，这样的稿子对学校是正面宣传；第二，这样的稿子涉及具体而真实的问题，具有可读性；第三，这样的稿子对其他高校开展社会实践活动有指导意义。

龙超凡：那负面的新闻题材如何处理才能做到既不伤害受采访者，又不违背良心睁着眼睛说瞎话？

李益众：在这方面，我也做过一些尝试。我举个例子来说明。

2009 年底，四川农业大学一名贫困生因得不到助学金而离开了学校，这件事经市场媒体报道后引起轩然大波，让学校处于非常被动的境地。

在我去四川农大采访的时候，我抱定了两个态度：第一，绝不继续煽风点火，不给学校添乱；第二，绝不宣扬学校成绩，不做帮助学校掩盖问题的事情。我的想法是：打擦边球，尝试着去了解问题，揭示问题，探求问题解决的办法。

后来，稿件的见报标题是《一份网帖背后的贫困生认定尴尬》。从标题就不难看出，虽然采访的是四川农大，反映的却是高校普遍面临的问题。我在稿件中详细梳理了贫困生认定容易出现错漏的几个关键环节，并探索弥补疏漏的办法，具有一定的现实意义。

最后的结局当然是多方共赢：第一，学校看到《中国教育报》给他们发了一篇大稿子，而且也一定程度上展示了学校的努力，非常高兴；第二，这个稿子分析了具体问题并提出了建设性的意见，有助于问题的解决，具有现实意义；第三，这个稿子可读性强，新闻性强，获得了《中国教育报》月评好稿一等奖、教育部 2009 年度通讯类优秀教育新闻奖等荣誉。

对话《新华日报》记者黄伟

[人物名片：黄伟，男，1986年生，湖北仙桃人，2009年毕业于湖北大学新闻传播学院。在校期间，曾担任湖北大学大学生记者团团长和学院团委副书记，在《中国青年报》《湖北日报》《羊城晚报》等国内十余家媒体实习、实践，发稿数百篇。毕业后到《新华日报》工作至今，已连续两年被评为新华报业集团“十佳记者”，已获得省级以上新闻奖项10余项。]

自己联系实习报社是提前适应职场

龙超凡：每年寒暑假前，不少记者经常会接到老师、同学关于安排学生实习的电话。很多学生之所以托人联系实习单位，主要原因是学校不安排实习单位，自己找又无头绪。你认为学生该如何为自己找到理想的媒体实习？

黄伟：从当前的就业情况来看，毕业生寻找就业信息的能力还比较欠缺，经常不知道往哪里投递简历。以此类推，在校生找实习单位也是如此。当前很多实习单位招聘实习生更加公开化后，逐渐实行招聘制，笔试、面试，得“过五关斩六将”才能顺利实习。当然，这么严格的只是少数“中国最优秀的媒体”，大多数媒体的实习程序办理还是比较简单的。

能不能通过自己的能力去找一份好的实习机会，的确很考验在校大学生。其实，这就是毛遂自荐了，得靠自身较为过硬的能力。这个时候，新闻专业的学生和学生记者肯定得靠自己此前发表的新闻作品了。但是，目前想去媒体实习的大学生并不是每个人都有相关作品，这个时候只能靠自己的应变能力了，但这往往会出现“口说无凭”的尴尬。

暂不论“口说无凭”的尴尬，我们来谈谈有作品的学生如何寻找实习机会。我曾在《中国教育报》发表《企业招聘“有社会资源优先”，如何逾越这道门槛?》一文，引起较大反响。且不说这个稿件如何，我们谈谈其中反映的问题。在很多销售类、营销类岗位上，纷纷要求“有社会资源者优先”。这里的社会资源倒不是你有多大的能量，只是说你有哪些能为企业带来销量和效益、为你的工作带来更多业绩的潜在客户群，而且这都是你已掌握的。

举这个例子，主要目的是说：校园新闻人和新闻系学生要学会利用手边的资源，为自己的实习、就业积累资源，当然最主要的就是人脉资源。作为一名在校学生，能积累什么人脉资源呢？平时通联的报社记者、采访过的专家学者，他们都是可以为你实习、工作牵线搭桥的人。

龙超凡：不少记者曾经采取毛遂自荐的方式进入报社实习，现今工作做得挺出色。你觉得除了人脉资源外，自荐还需要什么方面的积累？

黄伟：除了人脉资源外，还得积累自我资源，积累自荐的资本。这需要通过实习和实践来获取。一般来说，报社要求实习的学生多为大二及以上，两年的大学生活足以提供在校生丰富的实践机会：校园媒体、社会媒体，这是你施展舞台的最好平台。在这里，你可以让自己的文章发表；在这里，你可以学会与人相处，学会处理各种事宜，紧急的和日常性的。

龙超凡：你怎么看待自己找实习报社？

黄伟：自己联系实习报社可提前适应职场。尽管自己联系实习单位只是那一刹那，但是前期的准备工作足以看出一个人对自己职业、对自己大学生活、对自己将来就业的态度，是否把就业意识提前、是否有忧患意识，这都体现得比较明显。这几年，包括以后几年，到好新闻媒体从事新闻工作的难度越来越大，对一般高等院校的学生的难度更大，除了自己家里的关系运作外，大部分学生还得靠自己的能力来寻得一份好工作。所以说，从能否为自己找到实习单位，可以看出学生对就业的态度。

考研也要补上实习这一课

龙超凡：大三暑假是进入报社实习的黄金时段，但却与考研撞车了。我曾经遇到一些新闻系学生准备考研，托人找我“带名字”完成专业实习任务。对于新闻系学生来说，面对实习与考研的抉择，你觉得该如何取舍？

黄伟：我曾听闻一家不错的报社准备招实习生实习，依其表现决定是否留任。我把这个消息告诉师弟师妹后，几名正计划备考名校新闻学研究生的大三学生一下子动摇了。在当前就业比较紧张的形势下，能有这么好的机会，显然不能轻易放弃。但当提升自己的机会来临和就业在望的机会来临时，怎么选择，确实是个难题。

对此，我也在思考：如何让已考上研的学生静下心来安心读圣贤书，不让自己的研究生阶段成为文凭的奴隶。

面对很多新闻人考研，我持乐观和鼓励态度。每个人考研的理由都不一样，不少人是因为觉得搞新闻太累，有的人是想提升学历，也有人是为了真正学点东西。理由千奇百怪，但都可以理解，毕竟有自己选择职业的权利。

若考研理由不合理，当事人考研的动力就不足。只有动机纯了，考研才会下狠功夫。考上了，三年、两年研究生读完，平台不一样，职业取向发生变化了，最后还是要面临找工作，可能不同工作对学历要求不一样。所以说，读研，也是找工作的一个平台。在当前，很多人正在为考研摇摆不定的时候，对于是否考研，只能由自己决定了。

龙超凡：对于考研学生在专业实习上投机取巧的现象，你有什么看法？

黄伟：考研的学生大三专业实习可以拖延一下，但这一课是一定要补上。实习是不能骗自己的。毕竟大多数新闻专业研究生毕业后还是会到实务岗位上工作，实践能力、笔头功夫还是第一位，这个来不了半点弄虚作假。因此，建议考研的学生在复试结束后，找家新闻媒体好好实习，当然企事业单位的宣传部门、政府机关也可以，到专业的学术机构为自己的研究生学习做准备也可以，只要不浪费大四下学期的几个月即可。但作为新闻专业研究生，我更倾向于学生多到新闻媒体实习，综合锻炼采写工夫，积累实践经验，这对读研也能带来很多感性认识，为理性思考积累素材。

成功的实习首先是做人

龙超凡：同一批学生到报社实习，有的蜻蜓点水，收获无几；有的

虚心讨教，满载而归。你觉得实习生该如何珍惜实习机会？如何做到成功实习？

黄伟：怎样实习，如何才能算一次成功的实习，标准很多，主要还是做人与做事。尽管这是在任何场合都实用的理论。结合新闻职场的一些经历，给学生记者一些建议，仅供参考。

首先，人要勤快。报社老师最喜欢勤快的学生，手脚麻利但不毛糙、头脑灵活悟性高但不油嘴滑舌。不说平时，暑假报社实习生多，在很多部门，实习生数量是记者数量的 3 倍之多，电脑、格子间一时紧缺，要让记者认识你、给你机会，只能靠自己争取了。还是那句话：早起的鸟儿有虫吃，勤快的学生总是有机会来的。只要你能力可以，第一次办事不错，就会有第二次、第三次……但是，暑假实习天气比较热，很多学生怕热，不愿意到一线采访，甚至和实习老师讨价还价。经常有很强的表现欲望，但总是雷声大、雨点小，稿子没写几个，话倒是不少，给人留下个不好的印象。手脚麻利，但一定注意不要毛糙，做事要小心，别出乱子，体现出稳重的性格。

其次，要懂礼貌。懂礼貌在实习中有很多方面可以体现出来。比如，有的报社实习生是记者老师公用，于是有些实习生搞小团体主义，对其他老师交代的事情不予接收或不认真完成。又如，主动帮老师倒茶、买饭，处理一些紧急的事情，这也是必要的。很多同学觉得到报社是去打杂，其实这是不对的想法，尽管稿子写的是少了点，但是你学到了很多为人处事的道理。可能很多时候这些道理你都知道，但是你在生活中实践了吗？服务他人、礼貌待人，不是一句苍白的口号。给老师留下好印象，实习老师心情一好，说不定给你介绍个好工作。

期待多发稿更要发好稿

龙超凡：现今，不少实习生到报社都期待多发稿，给就业积累资本。比如，有的同学在教科部实习，稿子发的不多，而自己的同学在经济部实习发了好多稿件，心理上有点不平衡了。你怎么看待多发稿一事？

黄伟：学生到报社实习期待发很多稿件，这个期待没有错。但发不了太多的稿件，也不必心理不平衡，要正确看待发稿的多少。在报社实习，需要学的东西很多，远不止发稿一件事。衡量实习的收获，也不只是体现在发表的稿件数量上。

首先，要有影响力的稿件。尽管数量上不求多，但稿件质量上要求精。重要版位、反映重要问题的稿件，很能体现出采写功底。因此，通过实习，提高自己的采写能力，是最主要的收获。这方面，实习生要多向老师请教，平时与老师同时出去采访时，要多观察周围的环境和老师的提问，自己少提问，除非老师安排你提问。这样，你仔细观察几场下来，再碰到类似采访时也就心中有底了。同时，实习生还可以在采访前先拟定一份采访提纲，自己拿着，过后与老师采访时问的问题比对，看有何遗漏之处，又有何出彩之处。

其次，要培养采访突破能力。在很大程度上，采访决定稿子的成败，采访的深入与否直接决定稿件的分量。一般来说，实习生参与重大突发新闻事件比较少，但有机会参与一些调查类选题的采访。当遇到突发事件时，实习生要在保证自己生命安全的情况下，勇敢冲上去，尽可能记录下自己所看到的、所听到的，其实，记者的职责也是这样。稿件成稿后，编辑会对稿件把关，通过取舍相关信息来规避稿件见报后的风险。

第三，要对所在报社有所了解。每个报纸都有自己的文化、自己的风格，实习生在一家报社实习，首先需要对这有个了解，特别是本报对新闻的操作风格、写作风格、报社文化。同时，在任何一家报社都可以了解报纸生产流程，有些报社会安排实习生参观印刷厂、排版车间等，哪怕是半天的所见所闻，对一名新人培养报纸生产的大局观念、编辑意识都是有好处的，对其日后的新闻采写、截稿意识等都有帮助。

本人在广州《羊城晚报》实习时就安排了这样的活动，不仅参观报社的印刷产业园，聆听了几位部门主任的讲座，还安排与工人一起吃午餐，这对《羊城晚报》本身就是极大的宣传。所以，报社也要舍得那点小钱，就当领导多来检查了一次。比如，《湖北日报》可以好好利用报社的器物资源（如雕像等），给学生来一次亲眼所见的报纸演进史，给实习生实地讲讲如何“责任造就公信力”，这比学生在学校听报社老总的讲座效果要好得多。如果报社不安排这样的活动，实习生则需要发挥主观能动性，在遵守报社规定时，多观察、多学习。

实习的最终目的是找到好工作

龙超凡：一些新闻系学生把去报社实习当作一件令人头疼的任务，似乎是不得已而为之。学生究竟该如何正确看待实习？

黄伟：的确，很多人不愿意去实习，但是不实习怎么提高自己的实践能力呢？每个专业都不能缺少实习实践这一环节，因为实习的最终目的是找到好工作。只有明白了这一点，实习才会有正确的导向、丰富的动力，才能不断取得新的进步。事实上，很多学生大学读完会实习好几个单位，也有同学通过实习留在了报社。

龙超凡：如何选择实习单位？

黄伟：就新闻单位来说，完整的实习可以从媒体类别来描述：电视、网络、报纸、新媒体，但是因为每个领域都很有深度，与其跨媒体实习，还不如在一个领域做扎实，毕竟都是相通的。也可以从媒体的层次来描述：地市级、省级、中央级。一般来说，很多学生都在省会城市上学，更容易到省级媒体实习，在地市级城市上学的学生则可首先在地市级媒体实习。应该说，这三个级别的报纸代表了三种不同的视野，如能完整实习，算作幸运了。以报纸为例：都市报和党报，建议学生先去都市报把采写功底打扎实，再去党报出新闻精品。因为，都市报强调新闻时效性和内容的丰富性以及新闻的深度，但到了党报，新闻操作的节奏放缓，更有时间和精力来完成对新闻稿件的打磨。所以建议学生大二开始实习，第一年做省级（副省级）或地市级城市的都市报，第二年到省级（副省级）的党报，第三年争取到中央媒体。

龙超凡：实习时间一般比较短暂，如何在短期内实现最大收获？

黄伟：我主张以研究性思维带着问题来实习。在泛媒体时代，对记者的要求更高，其中一项就是对记者的思维水平和层次有了更高的要求。其实，大多数学生的实习是比较短暂的，短则 2 个月，多则 5 个月，当然少数学生实习一年左右。在较短的时间内要学到更多东西，其中一个方法就是给自己加压：带着研究性思维来思考问题。可以采用的方法有：同题新闻比较（谁写的更好）；同城媒体比较（头版比较，头条比较，版式比较）；不同城市新闻比较（比如对以重大新闻事件的新闻通稿的角度选取）。

同时，要不断地写实习感受，思考自己实习中遇到的困惑，提高自己寻找信息源、维护通联关系的能力，在这个过程中，锻炼自己学习、研究的能力，寻找自己所在战线新闻报道的常规规律，形成一个适合推广到其他战线领域的方法，为自己以后工作提供方便。

龙超凡：有些学生在实习前，会询问表现优秀是否有机会留在报社工作，你怎么看？

黄伟：一般来说，目前很多市场化程度很高的媒体招聘采编人才都比较灵活，一般都会在招聘计划中预留部分给表现优异的实习生。这为部分学生提供了很好的机会，但大部分学生还是要到其他单位工作。因此，我主张边实习边找工作，即在实习的同时，多关注就业信息，看准后及时去应聘。同时，要学会利用自己积累的资源，比如实习老师，如果招聘单位正好是自己实习老师熟悉的单位，则需要实习老师助一臂之力。

面试考官专“挑刺”

龙超凡：听说你第一次参加报社面试就一举成功，顺利进入了《新华日报》。可否说说你面试的过程，给大家分享下？

黄伟：参加《新华日报》的笔试时，我是第1考场1号座位，没想到幸运地进入面试。《新华日报》面试那天，按照顺序，母报文字记者第一梯队面试。我位居11，是第一梯队的倒数第一了。本以为是“群面”（集体面试），没想到报社为大家准备了午餐券，上午面试不上的，下午继续，倒是挺人性化的。更有人性化的是：当天出结果，通过的第二天早晨8点体检。

说说我的面试吧。这是一个“对话式”会议室，坐满了《新华日报》母子报上下各路大员，好不威风。再说，我也是第一次到报社参加正规面试，难免紧张，何况《新华日报》在全国也很有地位，实力也很雄厚。

候场后，进入面试厅，我的妈啊，各路大员盯着本人。我轻松地说一句“各位老师上午好”后，落座。还好，面试前一晚我做了功课，通过了照片认识了报社“大佬”，周边的“少佬”们一看就很资深，因为年龄都在40岁上下。

“自我介绍吧。”大佬开话了。我紧张地劈里啪啦说了一下，重点讲到了“自己是双学位”“此次面试怀着激动的心、感恩的心、学习的心和信心‘四心’来面试”，还扯了一下实习单位、担任团长的岁月，还把自己担任某报大学生记者也拉出来了。听我说到了“四心”，旁边几个“少佬”们笑了。

说完，“大佬”问道：“你是双学位，几个证啊？”答曰：“一个毕业证、两个学位证。”

“小同志，你说自己在都市报、党报、中央媒体均有实习，说说收获，学到了什么？”“大佬”问。这个问题倒是不难，可是回答出彩还有点难度。三个报纸三种不同环境，情急之下，我把三个报纸的特点和实习老师对我的批评意见一下子转化成了收获。

说完，这“大佬”还真是哪壶不开提哪壶，接着问：“你觉得党报应该向都市报和中央媒体学什么？”我心想，这是领导写文章拿中国新闻奖的事情啊，怎么问到我这来了。没办法，我说了一下当下党报的压力、不足，其他两个报纸的优势。当时，我心里直犯嘀咕，答的怎么这么烂啊。

紧接着，“大佬”问：“这三种报纸你最喜欢哪种报纸？”对报纸，我一向以建设性和和谐性的角度来看，每个报纸都有自己的特点和值得学习的地方。所以，如此告诉“大佬”。“硬要我说个12345，我喜欢党报和中央媒体。”仔细回想，我的理由好牵强，其实报纸都不一样，各有各的优势。

“大佬”突然发散性思维：“小同志，你觉得自己的性格是什么样的？”我心想：这不是直接问我，你这个同志人品怎么样啊？我想起了曾有报社记者对我的评价：小伙子，不安分，不安分其实是善于创新。听完“大佬”的问题，我脑子直想着“不安分”，害得我解释了半天，最后还不忘说自己很稳重、很好相处、很听话。回答完，我暗地庆幸“大佬”没有追问：“小伙子，你是湖北人，到南京会不会想家啊？”看来，报社用人不问出身、不问籍贯。

“大佬”就地取材，直接拿着简历问话：“小同志，你获得的湖北新闻奖是几个人写的啊？”我答曰：“两个人，我是通讯员。”看来，报社领导比较看重业务能力。

最后，“大佬”穷追不舍，来了个：“小同志，你自己擅长什么报道?”我心想：这不是在问专业记者吗，不过优秀的学生记者也是可以的。“您是指题材还是领域啊?”结果，我把报道题材和报道领域各说了一通，但不知道他们听的满意不满意。

这时，“大佬”看了看坐在身边的其他考官，其意可能是：“你们问不问?机会难得，不要错过啊。”一会儿后，“大佬”发话了：“好，可以了。”

面试结束我忘记说谢谢了，提脚就出门了，真是紧张。出门之后，感觉除了“大佬”外其他考官都没提问，自己心里也是高度紧张“对答如流”了所有问题。我询问工作人员，我的面试时间算不算长的。他们也不知。我后悔没有看进门时间。其实，也不必要了，毕竟我和“大佬”“打”了好几个来回。仔细一数，一共有 9 个来回。

龙超凡：现在回过头来看，你面试中有遗憾吗?

黄伟：想想这场面试，谈不上完美，只能说还可以，毕竟设置的几个情景没有表达出来。比如，我面试前准备的“今天我和江苏省 57.6 万高考生一起考试，但我的考试更加特别”等话语被紧张掉了。最主要的是，我一直被人崇拜的发表“600 多”新闻作品的数字也忘记了说，当然，“党员的身份”也忘记了提。

其次，面试前晚熬夜学习“大佬”的“党报民生新闻的创新与突破”的文章，面试时也没用上，应该说有些观点是可取的。我要是说了，说不定还能为面试加分。“大佬”的观点是：党报在时政、财经等方面有优势，但在社会民生新闻报道上不足，可以多学习都市报，但要避免琐碎化、庸俗化，将党报的时政新闻、财经新闻、科教新闻纳入民生视角，同时在提供咨询服务的同时，注重百姓文化需求。这个问题，我在与《中国青年报》一记者交流时，他也给出了答案：党报要学习都市报的可读性、做故事、服务性强等特点。

总的来说，遗憾在所难免，但遗憾才是美。

第二章

实习练兵场

新闻是一门实践的学问，但怎么去实践也是有学问的。到新闻单位实习是新闻实践的“重头戏”，也是成长为记者的“必修课”。但是，并非所有在报社实习过的大学生都那么幸运，都能圆记者梦。或许，你勤奋过，努力过，追求过，付出过，但收效甚微，不尽如人意。这中间，有运气的问题，有态度的问题，有认识的问题，有方法的问题……

没写过稿前别忙实习

一些记者对新闻采写基础太差的实习生是很厌烦的，他们不喜欢“花瓶式”实习生，觉得碍手碍脚。

曾有学生问我：我没发表过新闻稿，也没有写过几篇新闻稿，可不可以到报社实习？

我的回答是：可以实习，但实习的效果会大打折扣，甚至啥也学不到。

万丈高楼平地起。一般来说，如果没有一定的新闻实践基础，就直接到报社实习几个月，很难学会过硬的新闻采写技能，甚至连门道都摸不到。这好比一个人学武功，看过几本武功秘籍，但一点基础也没有，他能几个月就学会超强武功吗？这恐怕只有小说里才会发生。

在现实中，一些没基础的学生到报社后啥也不会，让他去采访经常抓不住新闻点，回到报社后半天也写不出几个字，有的稿件写得啰嗦且不像新闻。见此，记者的做法往往是：你不会写就不要写了，我自己来写；你写的稿我要改半天，比我自己写花的时间还长，还不如我自己写了。

这样一来，记者就不会给实习生派活干了，至少不要求其写稿了。好一点的记者，会把实习生带着出去采访，但也仅仅是让实习生跟着，回来后也不要实习生写稿。然后，记者写稿时也把实习生名字署上。试问：实习生不单独采访、不独立写稿，怎么可能掌握新闻采写的本领呢？

记者的工作是繁忙的，竞争压力也是巨大的，他们希望实习生是他们的助手而不是累赘。一些记者对新闻采写基础太差的实习生是很厌烦的，他们不喜欢“花瓶式”实习生，觉得碍手碍脚。当实习生在埋怨记者不重视自己时，首先应反思自己：“我是在给记者帮忙还是帮倒忙？”

而有基础的实习生就不一样了，他们的待遇明显好多了：采访和写稿都少不了他，甚至还被记者派出去单独采访。有时，其他记者甚至也会临时派活给优秀实习生，甚至部门主任也会格外垂爱。

有一年，时任《楚天都市报》社会部记者向勇曾带了个实习生，基础太差啥也不会，他便给实习生开出了“新闻采访18条注意事项”，希望实习生时时对比学习。这个实习生的运气太好了，但其他实习生能有这种运气吗？不能。

没写过稿前别实习，这应成为新闻系学生和通讯员的共识。

毛遂自荐去实习

自荐前，应做足心理上和其他必要准备；自荐时，要用最简洁的话表达自己的来意和优势。

一些爱好新闻的非新闻专业的在校学生有着这样的困惑：我不是学新闻专业的，怎样才能进报社去实习呢？

在一部分人看来，新闻记者就是新闻专业毕业的，新闻专业学生到报社实习理所当然，而非新闻专业学生到报社实习是件不合常理的事情。不少报社招聘实习生时，也只招新闻、中文等相关专业学生。这便给大学生这样一个假象：非新闻专业学生到报社实习几乎没可能。

确实，非新闻专业学生到报社实习相对较难。一方面，学校给非新闻专业学生提供的专业实习是对口的，不可能安排到报社。另一方面，开设新闻专业的高校多、新闻专业学生多，而报社可接纳的实习生数量有限。一些报社总编室的负责人也坦言：前来实习的新闻专业学生太多，一个记者要带几个实习生，非新闻专业学生哪还能接纳？

那么，在没有学校统一安排的情况下，非新闻专业学生该怎么突破常规“挤”进报社呢？一般来说，找熟人推荐是一条便捷的路子。若有亲戚、朋友与报社有关领导熟悉，便可寻求其帮助。事实上，一些校报学生记者就通过高校宣传部老师、报社记者的介绍，顺利进入报社实习了。除此之外，还有什么办法进报社实习呢？毛遂自荐！

湖北某高校有个美术专业学生想到外省某报社实习，但没有门路。于是，他给该报社总编室打电话，询问是否需要实习生，表示想去实习，但对方表示不招实习生。他并不死心，每天给该报社打两次电话，表达想实习的意愿。一星期后，该报社有关负责人终于被打动，破格招他到报社实习。

这是一个毛遂自荐成功的真实案例。在现实生活中，非新闻专业的学生采取毛遂自荐的办法进报社实习，并非个案。这里且说说到报社毛遂自荐实习的一些注意事项。

自荐前，应弄清楚报社负责招聘实习生的工作部门、楼层、房间、负责人情况等信息。若无法在踏进报社前获得这些信息，则可进入报社后询问有关人员。有的报社凭出入证进出，这时就应找在报社工作的熟人帮忙。若报社没熟人，也应想其他策略，千万别被这点障碍就挡住了。俗话说：记者是万能的。若这点障碍都跨不过，则说明缺乏当记者的潜力。

自荐前，应做足心理上和其他必要准备。自荐者会紧张很正常，但应努力克服，可尝试勉励自己：不要紧张，最多人家不接受我实习嘛，反正我也没什么损失。自荐者还应带上自己已发表的新闻作品复印件、学生记者证等材料，以便向对方展示自己的实力。另外，对所要实习的报纸也要研究研究，至少要有所了解，以备对方临时出考题。

自荐时，要用最简洁的话表达自己的来意和优势。与陌生人交谈，用最简洁的话表达自己的意思十分重要，到报社自荐也不例外。自荐者应沉着冷静，注重使用礼貌用语，态度要恳切。当对方推脱时，自荐者不能泄气，应表达自己想实习的强烈欲望，且有能力胜任实习岗位。

当然，一次自荐就成功的可能性并不大，对此应不气馁，可尝试改天再去自荐，用诚意和决心打动对方。笔者的多个朋友便是通过自荐到报社实习的，如今他们都已成为报社的骨干力量。

值得一提的是，毛遂自荐并不是一件丢人的事。在媒体从业者看来，毛遂自荐者往往有着较强的交往能力且综合素质较高，这些正是新闻记者不可或缺的。进入报社后，大部分毛遂自荐者非常珍惜难得的实习机会，认真向记者和编辑学习，为今后的记者生涯打下了扎实的基础。

实习生看报要“寻花问柳”

普通读者看报是“走马观花”，而实习生看报应“寻花问柳”，要对需要观察的“花”认真剖析，揣摩“花”背后的内涵。

办好实习手续，指定记者师傅，实习生们就迫不及待地想跟记者一同外出采访了。不料，记者总会不冷不热地说：你先坐到那边看看报纸吧。这一天，记者们一般不会给实习生派活儿干，只是偶尔与实习生说上几句话。有些报社记者更绝，让实习生在办公室看报一周，其间最多只是让实习生做点儿跑腿的工作。

对此，好不容易挤进报社的实习生们心灰意冷，向亲朋好友大吐苦水：实习时间短，哪里耗得起呀？学校规定的发稿任务什么时候才能完成呢？实习结束，没学到本领怎么办？

实习生产生这样的想法属情理之中，但应换位思考：记者为什么一直让我看报呢？记者希望我看报“看”什么呢？

现实中，许多刚进报社的实习生显得很傻，对报社的人和事很陌生，对记者随口说的“看报”一头雾水。大多数实习生拿着本报社的报纸随手乱翻，一两分钟翻一页，匆匆读一下各版文章标题，遇到感兴趣的文章则停下来读读，不到半小时就把一份报纸看完了。至于第二份报纸，看的速度就更快了，不足十分钟就看完了。把本报的报纸翻完后，不少实习生就从报架上拿本市其他报纸看。一上午时间，实习生就把所在部门的报纸全看完了。然后，实习生就无所事事了，在椅子上坐不住了，但又不能到处乱走，呆坐着难受极了。

这样的实习生可能学了一肚子新闻理论，但新闻采写可以说还没入门。这样的实习生很难成为杰出的记者，很难通过两三个月的实习而基本具备记者应有的本领。为什么？看报都不知从何入手，其采写就更不能指望了。这好比从没见过人杀猪，也不知道杀猪的流程，他怎么会杀猪呢？

事实上，实习生看报时，一些优秀的记者就开始有意识地观察实习生了：哪个实习生有潜力或值得好好培养。也就是说，记者会从实习生看报的态度和方法，初步判断其是否具备当一名记者的资质。当然，这一切实习生常蒙在鼓中。

实习生该怎么看报呢？我认为，实习生应先了解本报纸的大致情况，再仔细阅读实习所在部门对应版面的新闻。

了解报纸大致情况时，实习生应找全一个星期的报纸，弄清报纸每天有多少版面，周一至周五各有什么周刊，每天各版固定是什么版（一张成熟的报纸某一版是什么新闻版是比较固定的），报纸的读者群是什么，报纸的宗旨是什么，报纸的风格是什么等。

所在部门的新闻版，是实习生阅读的重点。实习生应认真分析本阶段部门开设的新闻栏目、编辑记者喜欢的新闻题材、编辑记者的新闻语言风格、每篇新闻作品的写法等。

实习生还应善于对各报记者写的同一新闻进行对比（同一天同城报纸同质新闻多），比较哪个报社的记者写得最好，哪个记者写得最准确、简洁、生动、有趣，为什么？实习生边阅读时可边反问自己：若是让我写这个新闻，我会怎么写？我会不会写得比别人好？若没有别人好，其原因是什么？我为什么没想到这位记者切入新闻的角度？我今后该怎么写得更好？

不难看出，实习生看报和普通读者看报有着天差地别。普通读者看报是“走马观花”，遇到感兴趣的“花”便驻足欣赏一下，对没兴趣的“花”便一眼扫过。而实习生看报是“寻花问柳”，要对需要观察的“花”认真剖析，揣摩“花”背后的内涵。

值得一提的是，实习生应从内心里虚心向报纸学习、向记者写的新闻稿学习，而不是装作一副认真看报的样子，这样“欺人”的结果只能是“自欺”。

心甘情愿"自找苦吃"

肯吃苦，是一种态度。会吃苦，则是一种智慧。

福建农林大学一名学生记者跟随我外出采访，回校后立即开始写稿，有几次一直写到凌晨三四点。我便提醒说："确实要勤奋写稿，但也要注意休息。"话虽这样说，但在内心里，我为这名学生记者的勤奋而喝彩。

记者是一份辛苦的职业。到报社实习，更是件苦差事，甚至比在职记者还要累。

学生集中到报社实习的时间是寒假和暑假，这是一年中最冷和最热的时间。以武汉为例，冬天寒冷异常，而夏天又奇热无比。这段时间出门采访，需要勇气和毅力。不少实习生开头几天劲头十足，似乎浑身有用不完的力气，但没几天就"蔫"了。

原来，有的实习生在大街上跑了几天，挤了几天公交车，或感冒了，或中暑了，或晒黑了，于是便躲在办公室不愿意出门采访了，甚至三天打鱼两天晒网了。有的实习生本没觉得苦，其父母倒是心疼起来：干脆不实习了，太累了！听父母这样一说，不少人便放弃了实习的念头。

我认为，实习生不能表面上装作能吃苦的样子，而是要从内心里甘愿"自找苦吃"。肯吃苦，是一种态度。会吃苦，则是一种智慧。

在报社，实习生要肯吃苦。只要有新闻采，实习生就应立马出发，风里来，雨里走，顶烈日，冒酷暑，无怨无悔，这会赢得报社记者们的赞赏："这个人态度不错，吃得苦，可以栽培。"记者们会对肯吃苦的实习生高看一眼、厚爱一层，有好新闻线索都会叫上他，甚至派他单独出门采访。

在报社，实习生还要会吃苦。要跑到好新闻，要获取更多的新闻线索，实习生必须坚持每天早出晚归。以个别市民报为例，早晨八点左右要赶到报社，看看报社内部的网络平台是否有可写的新闻线索，看看本部门的新闻线索本上是否有好线索，若发现好线索，应第一时间询问指导记者的意见，得到肯定后立即“签走”。晚上，要比记者们晚离开报社，可边看书报边等待接听部门热线，若接到较好的新闻线索，也应做好采访准备。当前，不少记者利用新媒体寻找、发现新闻线索，然后依赖网络或手机采访，并没有深入新闻现场采访，写出来的稿件令人难以恭维。实习生可通过网络找线索，但一定要深入采访，不可投机取巧。

早出晚归的实习生，即使没写出多少新闻，也会给报社领导和记者们留下较好的印象。一般来说，坚持早到十分钟和晚归十分钟很关键，这段时间可多捕捉到许多好的新闻线索或素材，从而有更多采写新闻的机会。有时，无意中抓住一条重要的新闻线索，将其采写成一件上乘之作，就可能成为实习生今后挺进报社的“法宝”。个中道理，只有亲自尝试才知晓。

可以说，要想将来当一名出色的记者，实习时就必须学会吃苦，要心甘情愿“自找苦吃”。吃苦的过程是很难受的，是对一个人毅力的考验，但苦尽后的甘甜却是幸福的，是对一个人吃苦的高额回报。

把自己当正式记者看待

有一些采写经验的实习生，应该在实习期间把自己当作正式记者看待，像记者一样工作，认真对待每一次的采访，并在采访后独立写出稿件。

在交流报社实习经历时，一名学生记者谈了这样一番话——“和我一起在报社实习的好几个学生，基本上没有采写经验，他们实习的目的似乎就是为了混一些文章发表。我觉得这样实习价值并不大，没有真正学到东西。至少在我眼里，很多实习生是来打酱油的。所以，我觉得自己有必要跟他们区别开来，像记者一样把要写的稿件当任务完成。也就是说，采访中，我并不把自己当实习生看待，而把自己当正式记者看待。”

我颇为赞同这个观点。不以“长知识、增才干”为目的的实习，往往收效甚微。根据当前一些实习生到报社实习的表现，大致可将实习生分为三类：

其一，把自己当作连实习生都不是的人员看待。这类实习生基本上是“走江湖”“跑过场”“打酱油”，他们实习的目的基本上就是混一些文章发表，或为了完成新闻专业实习任务，或为了就业时写到简历上“充门面”。这类实习生往往对报社实习心不在焉，进报社就像逛菜园子，完全看自身的心情，甚至连“三天打鱼、两天晒网”都做不到。有的实习生干脆直接对记者说“麻烦您多在文章后面署我的名字”之类的话，理由则是千奇百怪。

其二，把自己当作实习生看待。这类实习生比较中规中矩，按部就班，能遵守报社的各项规定，没事就在报社看报纸、接电话，有事就跟着记者外出采访。脑袋比较“灵光”一点的实习生，往往在采访中会提几个问题，回来后尝试写采访稿；缺乏采写经验的实习生，采访中充当“看客”，记者拿笔记他也记，至于为什么记，记哪些内容则“吃不准”，回来后在电脑前磨磨蹭蹭，半天“憋”不出几个字儿来。在一旁实在看不下去了的记者便会说：“算了，算了，还是我来写吧。”几次以后，记者干脆就不叫实习生写稿了，而是自己动手写，再带上实习生名字。

其三，把自己当作正式记者看待。这类实习生深受记者欢迎，也能在记者的指点下发挥其主观能动性。他们会主动去找新闻线索，判断线索有无采写价值，而不是一味地等待记者给线索、给任务。在采访中，他们会根据自己的思考提问，记录自己认为重要的内容；回到报社后，他们会在记者动笔之前赶紧把新闻稿赶写出来，然后交给记者审阅；记者改稿时，他则站立在一旁看记者怎样改稿，稍有疑惑之处就请教记者为什么这样改（有些记者会主动说为什么这样改）。

这三类实习生中，第一类“几乎什么也没有学到”，第二类“学到了一些”，第三类“进步很快”。把自己当作正式记者看待的实习生，其出类拔萃的表现往往能赢得记者以及报社部分领导的好评，甚至被认作是准记者。事实上，这类实习生往往能在报社担任准记者的角色，能独当一面，像记者一样采写稿件，只是没有享受记者待遇罢了。比如，有些记者长期提供线索让实习生单独外出采访，独立完成写稿任务，而记者只需在交稿前完成编辑工作就行了。实习生充分锻炼了，记者省事轻松了，一个双赢的局面也就形成了。又如，在一些比较尊重实习生的大报，报社有时会布置一些选题让实习生单独完成，且让实习生单独署名，此时的实习生的角色实质上是准记者。

有时，一些报社人手比较紧缺，聪慧能干的实习生甚至能“顶岗实习”，完全像正式记者一样工作，只是没有工资和稿费。

因此，有一些采写经验的实习生，应该在实习期间把自己当作正式记者看待，像记者一样工作，认真对待每一次的采访，并在采访后独立写出稿件。然后，再比对记者、编辑的改稿和原稿，这样便会“有所悟”“有所获”。

需要说明的是，实习生把自己当作正式记者看待的同时，也应该清醒地知道自己的真正身份是实习生。对于报社记者和编辑，实习生要尊重、有礼貌，外出采访须得到许可后实施，切不可越俎代庖，更不能未经指导记者许可就直接将采访稿发给编辑或部门主任。否则，聪明反被聪明误。

莫抢着给记者拎包

若记者让实习生给其拎包，势必会让被采访对象认为，这个实习生目前还是个“跟班”“学徒”，采写能力还比较差。

一些记者带实习生外出采访，往往会顺手把手提包递给实习生，让实习生给其拎包。同时，一些实习生比较尊敬记者，有时也会主动提出帮记者拎包。实习生给记者拎包，似乎成为一种你“需”我“求”的关系。

我曾就此事与一些高校学生记者作交流，他们说“给记者拎包是很正常的事”。有学生记者说了自己的理由：“我们和领导一起外出，领导也习惯让我们拎包。主动给记者拎包，是表示对记者的尊敬，就像对待老师一般尊敬。”

的确，不少实习生是出于对记者的尊敬而给记者拎包的，真心给记者脱掉包袱，解放记者的手脚，他们在拎包的细节上体现了对记者的尊敬。但我认为，即便实习生抢着给记者拎包，记者也不该心安理得地领情。

回顾自己在几家媒体的实习经历，我便不曾给记者拎过包。特别是在《中国教育报》湖北记者站实习期间，我经常随时任记者站站长刘新其和记者程墨一起外出采访，从未承担过任何拎包任务。

事实上，出差期间，一些地方工作人员会主动抢着给站长或记者拎包，站长或记者推辞几下，有时也就把包顺手交给了对方。为何同意让他人拎包而不让实习生拎包呢？个中原因，我想主要是：他们把我当作记者站正式记者看待，认为我能独立从事新闻采写工作，而不是去干拎包、开车门等工作的杂务工。正由于记者站同志的“高看一眼”，我外出采访确实被“厚爱一层”，采访总是比较顺利。

细细想来，不给记者拎包有其道理。学生到报社实习、跟随记者外出采访，其最终目的是在实践中掌握一定的采访技巧，积累采写经验。

若记者让实习生给其拎包，势必会让被采访对象认为，这个实习生目前还是个“跟班”“学徒”，采写能力还较差。这样一来，实习生在采访中的作用就难以发挥，被采访对象可能会不重视实习生的提问，不配合实习生的采访。

另外，当实习生下次单独到该单位去采访时，对方脑海中已经有了“一个跟班而已”的印象，很可能轻视实习生，认为报社派实习生来采访是不重视此次活动，从而在采访安排等方面不予以重视，采访自然会受到一定程度的影响。

因此，对于实习生来说，我认为其底线是不要主动给记者拎包。随记者外出采访时，要在心里把自己看作是报社正式记者，不论记者是否要求自己写稿件，自己都应在采访后迅速、独立地把稿件写好。在采访中，实习生一方面学习记者的采访技巧，一方面适时提出自己的问题，做好采访记录，为完成稿件写作做准备。

对于记者来说，我建议尽量避免让实习生给自己拎包。一者，会影响实习生在外采访的质量，甚至会被采访单位当作小孩子看待；二者，会影响自身的形象，甚至会被认为有官架子等。

当然，关于拎包一事，仁者见仁，智者见智。

别给记者帮倒忙

实习生不得私自外出采访，不得私自发稿，不得拿车马费，不得私自把所采写稿件传给其他媒体和记者。

长期以来，记者和实习生之间有着严重的“需求不对称”现象。一方面，不少学生想去报社实习而没有门路；另一方面，记者想要的实习生来不了，或者说前来实习的学生不太理想。

实习生到报社实习是一个什么角色？从学生角度来看，实习生在报社是学习者；从记者的角度来看，实习生应是有力助手。我曾问过一些记者：最希望什么样的实习生？答曰：给自己帮忙而不添乱的实习生。当然，由于德才兼备的实习生太少，一些记者便把实习生定位为跑跑腿、跟跟班，并不派给实习生一些重要采访的活儿。

即便如此，一些实习生自作聪明，好于表现，不时会给记者带来麻烦，让记者难堪或左右为难，甚至有的记者挨了领导的批评，此谓之帮倒忙。帮倒忙现象的发生，绝大多数不是实习生恶意所为，而系无心之失，或是好心却把事情办坏了。

试举一些常见的实习生帮倒忙的现象。如，实习生单独外出采访，没有弄清事情的来龙去脉，采访不到位或采访“路线”错误，写稿件时经常出现角度偏差和材料失实。若记者没有对实习生所写稿件把好关，一旦见报必将贻笑大方，给记者、报社带来恶劣影响。

又如，实习生为了给亲戚朋友处理“纠纷官司”，不跟记者打招呼便私自前往采访，打出报社旗号，用记者身份给亲戚朋友谋私利，严重损害报社形象和利益。

再如，有时记者出差在外，而实习生采写了一些稿件，记者没空看或没空发稿，实习生便想当然认为“发稿后记者可以多拿稿分”“不发实在可惜了”，在未经记者允许的情况下，便擅自用报社的发稿系统或个人邮箱把稿件传至系统，稿件署名时却把记者写上。一般来说，大多数实习生写的稿件难免有经不起推敲的地方，编辑看到这样的稿件往往会大为恼火，严厉者极可能对记者一顿劈头盖脸的批评，甚至会向值班总编辑汇报。

因此，实习生在报社实习期间要遵守报社和所在部门的有关规定，慎言慎行，作风端正，虚心学习，切勿盲目自大、自以为是。同时，实习生要知晓哪些是能做的，哪些是不能做的，对于禁区要避而远之，不给自己犯低级错误的机会。以下是一些避免给记者添乱的建议，或许有些借鉴参考价值。

不得私自外出采访。采访前，实习生应先向记者汇报请示，得到允许后方可外出。对于发现或收集到的新闻线索，应虚心向记者讨教，询问是否值得采访、应该采访哪些人、从什么角度去采访等。采访时，要请相关人员提供联系方式，以便记者修改稿件时核对新闻事实，或对一些细节进行补充采访。对于其他记者或部门主任安排的采访内容，也应先汇报后行动。至于私自打着报社的旗号给亲戚朋友“排忧解难”，更是一个大禁区。

不得私自发稿。实习生所采写的稿件，原则上都要给记者过目修改，并由记者传至报社发稿系统。若遇到记者外出等特殊情况，在口头向记者念了新闻稿后，经允许可发稿。若记者由于婚假、产假、病假等长期不在报社工作，则可向部门主任申请另换一记者带，也可向其申请是否单独采访和发稿。对于个别能力强、水平高的实习生，部门主任可能会同意实习生顶岗，此时实习生可自主传稿至系统，稿件不必带记者的名字。因为谁署名，就意味着谁对稿件的文字负责。

不得拿车马费。整个实习期间，实习生都应谢绝被采访单位的钱财，不接受宴请，更不得借舆论监督之名行敲诈勒索之实。在涉及一些负面报道时，被采访单位往往会不厌其烦地给记者或实习生打电话，希望“出来坐坐”“一起吃个饭”，实习生应避而远之，假装糊涂，旁观记者如何处理。

不得私自把所采写稿件传给其他媒体和记者。一些实习生为了多发稿，把记者交代采写的重要稿件或暂时未见报的稿件，传给自己熟悉的其他媒体和记者，这样做十分危险。若本报社正在策划对此事件进行深入报道、系列报道，而实习生的稿件在其他报社先刊登了，则会打乱和影响本报社的安排。现今同城媒体竞争激烈，独家新闻意义较大。当然，实习生若结束了报社实习工作，便是“自由身”了，自主采访的稿件则可向任何媒体投稿。

此外，实习生还不得对记者阳奉阴违、不得泄露报社机密等。

还有这样一种有争议的情况：实习生跟记者属于松散型的实习关系，即实习生平时不用到报社或报社记者站去，记者通过打电话、QQ聊天等形式指导实习生，实习生主要采写本校新闻或记者交代的其他采访活动。在这种背景下，实习生不向记者汇报选题而实施采访行为，可否？

此事要分两种情况来看，第一，实习生本身是学校的学生记者，在本校以学生记者的名义进行采访，无可厚非，也理所当然，可不向记者报选题、征求记者同意。第二，实习生若以实习生的名义，或告知对方“在某报实习”，私自跨学校、跨地区采访，则是不妥当的。因为此举会让对方误以为是记者委托其前往采访，导致记者要为实习生不当的采访行为“擦屁股”或“买单”。

总之，实习生应在遵守报社纪律的前提下开展新闻采访工作，尊重记者，认真听取记者的意见和建议，扎扎实实做好新闻采写工作，所写新闻稿件务必做到真实、准确、客观。

眼睛一瞥不空归

采访中，记者和实习生要迅速记住一些重要信息，比如对方的姓名、年龄、工作单位等，以迅速拉近与采访对象的距离。

某年元宵节，报社社会新闻版准备于第二天刊登整版组合报道，从不同侧面反映江城武汉沉浸在浓浓的喜庆氛围里的情形。于是，报社派出多路记者赴不同地方采访，要求写出现场感强的新闻故事。记者向勇被派至武汉市武昌区婚姻登记处采访，稿件主题大致是想反映元宵节是个喜庆的日子，许多年轻人选择这一天登记结婚的情况。

那天一大早，我们先后赶到该婚姻登记处，以便采访第一对登记结婚的新人。那时登记结婚，男女双方均须递交个人信息表。记者拿起第一对新人的表格看了几十秒，随即放下。见此，我也上前拿起表格看了一会儿放下。

不料，记者转过头来问我：这对新人分别叫什么名字？今年多少岁？职业是什么？我一下子傻眼了，当时我并未留意去记忆这些关键信息，看表格只是模仿记者的行为罢了。

见我回答不上来，记者严肃地对我说：采访中，要注意迅速记住一些重要信息，比如对方的姓名、年龄、工作单位等，这样采访时便可不必再询问对方的基本信息了，且可迅速拉近与采访对象的距离。这就是所谓的“眼睛一瞥不空归”。

采访这对新人时，该记者表达采访意图特别亲切自然：“某先生，恭喜你们结婚啦！我们是报社记者，想耽误你们几分钟，采访几个问题。请问你们为什么选择今天登记结婚……”这个问候一下子拉近了与这对新人的距离，他们不仅没有任何推脱，而且十分配合，采访很顺利。

且不说我当时如何难为情，但这一课却让我颇为受益，这完全是书本上学不到的东西。在后来的采访实践中，我深刻体会到，记住采访对象的基本信息十分重要，可让对方有被尊重的感觉，他会更乐意接受或配合采访，也体现了记者谦逊的工作作风。

比如，座谈会采访，迅速记住参加座谈会的几位师生名字、职务，采访中便可尊称其为某教授、某主任、某同学；若未记住，恐怕要再次当面或侧面询问其姓名，让人感觉这个记者才出道没多久，没什么水平，内心甚至有不爽的感觉。

如何才能迅速记住被采访对象的重要信息呢？

首先，应明确速记的内容。一般来说，速记的内容应是其姓名、职务、工作单位以及其他特征明显的事情。

其次，应明确速记的方法。速记的方法因人而异，常规做法是把重要信息多在心里默念几遍，在脑子里过几遍，快忘记时则强化记忆。

再次，应训练速记的水平。平时，学生记者和实习生应有意识培养自己的速记水平，把速记当作一门必修课，尽可能多地在采访中去运用。采访归来，试试不打开采访本而直接根据回忆所采访的内容，不仅要能说出事情的起因、经过、结果，而且要能说出新闻主角的姓名和有关细节。久而久之，速记便成为一种本领了。

“处处留心皆学问。”从某种意义上说，速记其实是一种留心的学问。

其实，速记除了在座谈会等采访场合会运用到外，还可运用到隐形采访、日常生活等场合，以及一些不方便掏出本子来记录的采访，如暗访。

这种“眼睛一瞥”式的留心，还可运用于采访、生活中，即迅速对陌生环境、陌生人进行扫描，判断是否有不安全因素，进而保护自身安全。个中好处，须靠个人领会。

宴请面前须三思

从报道所产生的社会影响来看，宴请大致可分为正面报道时的“答谢宴请”和负面报道时的“攻关宴请”。于采访、于工作单位无利的宴请，宜尽量谢绝之、回避之、逃离之。

听闻某报社实习生讲述了这样一事：根据读者的爆料信息，某报一记者带他到某县做一则舆论监督报道，他们先对事件本身作了详细采访，随后联系了该县相关部门负责人，亮明身份后要求继续采访“官方态度”。由于是负面新闻，对方丝毫不敢马虎，给予高度重视，由于压根儿不愿此事见报，便设法补救。对方设宴盛情款待，饭后安排唱歌、泡脚，记者离开时对方又奉上土特产。回来后，实习生问：“稿件要不要写？该怎么写？”该记者答曰：“该怎么写就怎么写！”于是，这则见报的报道仍有较浓的批评味道，丝毫未因对方款待而心慈手软。

俗话说：吃人嘴短，拿人手软。吃了，喝了，拿了，却不为对方遮羞掩丑，我猜想，被采访单位见到报道后，十有八九在背后“直骂娘”，大骂该记者无耻。

当然，因一己之私而做虚假报道或不做报道，亦不可取。真实是新闻的生命，客观报道新闻事件，是一名新闻记者的职责所在。该记者被认作是“做人不厚道”，乃因接受了被采访单位的宴请及礼品。若采访结束后，该记者不接受宴请，行得正，站得直，则不会背上良心债，甚至对方会在内心里对记者的业务水平和高贵人品暗自佩服叫好！

然而，该记者并未发现自身行为有任何欠妥之处，尚且洋洋得意，自命不凡，真令人汗颜。如此低素质的记者，带实习生又岂非误人子弟？

在采访中，实习生和在校学生记者也难免会遇到各种宴请，是欣然接受还是委婉谢绝？

从报道所产生的社会影响来看，宴请大致可分为正面报道时的“答谢宴请”和负面报道时的“攻关宴请”。

至于“答谢宴请”，大致可分为采访结束时和文章见报后两种。采访结束时，若正值吃饭时间，被采访单位或对象热情邀请一起吃个便饭，这种情况最为普遍。此时，若对方确实出自真心实意，且不耽搁对方的工作，一起吃个工作餐未尝不可，毕竟大家都要吃饭。同时，吃饭时也可做些补充采访，如对仍存有疑虑的地方或对方不愿回答的问题进行提问，这时对方一般不会太过于拘谨，比正式采访要放得开，其回答可能更到位，而不是“官话”“套话”。因此，记者此时往往“会问到自己想要的细节和故事”“听到真实的想法和声音”，从而写出的报道也会更精彩。

文章见报后，一些被报道的单位或个人对报道很满意，有时也会邀请记者或实习生吃饭，以示答谢。对此，记者或实习生可根据对方的身份而定，对方若是某单位负责新闻宣传的有关人员，则不妨欣然赴宴，以期与对方建立良好关系，便于今后顺利获取新闻线索和完成采访任务。

当然，吃饭的初步目的是填饱肚子，但不要为了吃饭而吃饭，应与工作兼顾起来。吃饭前，记者或实习生可带上自己关注的若干问题赴约，在适当时机抛出来，探探对方口风，听听对方意见，这样可帮助理顺下一步的报道思路或者获取到受众关注的前沿信息。事实上，不少记者根据在饭桌上获取的信息而写出独家报道、重大报道，令同行羡慕不已。

值得注意的是，由于饭桌上讲话比较随意，记者或实习生不可把饭桌上的聊天等同于采访，更不可直接把对方在饭桌上讲的观点部分或全部写在报道中。新闻报道，仍应以正式采访为准，饭桌上的闲谈不可随意引用，特别是对方特别申明了“饭桌上说的不算”“这个不要写入报道”。

负面报道时的“攻关宴请”，也可分为采访结束时和文章见报后两种情况，须区别对待。这种宴请的目的十分明确，即危机攻关、化险为夷。采访结束时的意图：希望通过宴请及送礼品等形式而请记者不要做报道；若实在要报道，则在报道中尽量“避实就虚”“大事化小”，把责任尽量推掉。文章见报后的宴请意图：希望记者在后续报道中突出问题已经改正了；希望放弃对事件进一步的追根溯源，使事件不再进一步恶化。

当然，也有一种情况是对方压根没打算宴请，而是想借此为由将记者约出来，请打手在途中将其教训教训，以解心头之恨。这种情况虽极少，但仍不可不防。

对于批评报道的宴请，记者和实习生可视为鸿门宴，应尽最大努力谢绝，以免在写稿时“拳脚难展”“缩手缩脚”，最终把自己在报道中“困”住了，甚至产生不良影响和后果。谢绝宴请，写稿时便可轻松上阵无包袱，稿件的真实性、公正性自然会较好，稿件往往也会得到读者的好评。

于采访、于单位、于工作无利的宴请，宜尽量谢绝之、回避之、远离之。

新闻敲诈等于玩火自焚

只有坚持马克思主义新闻观，坚持正确的舆论导向，严格遵守新闻采访纪律，才是真正的“平安险”。

批评性报道，也常常被人称作负面报道，其内容一般是揭露、监督被报道单位的不当做法或违法做法，是被报道单位不想公开或耻于公开的事情。因此，被报道单位常常使出浑身解数来“做工作”，他们会边低声下气地说好话，边递上厚厚的“信封”，希望记者不予以报道，一些记者就常常“被和谐”了。

起初，一些刚入道的记者可能是带着满腔热血和正义感去做批评性报道，毕竟记者负着“铁肩担道义”的光荣使命，但他们渐渐发现批评性报道不仅能引起“轰动效应”，为自己在竞争激烈的传媒界赢得一席之地，而且有“权力寻租”的机会，比写正面报道“来钱快”“来钱多”。于是，一些记者十分热衷于采写批评性报道，个别记者，特别是假记者便把新闻敲诈当作摇钱树了。

一些记者自以为抓住了被监督单位的“脉”，便大力去挖掘和搜集其负面素材和内容，借机敛财。这些记者故意把事态说得十分严重，而且自己非做不可，如“不少人投诉你们了，强烈要求曝光”“老总亲自交代要报道，要大篇幅写，还要搞跟踪报道”等，其目的只有一个——拿钱来消灾。有的记者会直接提出要多少钱，有的则会说得含蓄隐晦但旁者一听则明白。更无耻的是，极个别记者拿到负面线索后，联系被监督单位并正儿八经采访，然后由对方提供“吃喝玩乐拿”的待遇，回来后却“该怎么写就怎么写”。

且不说这类记者职业道德丧失，但说这种钱真的可以拿吗？其出事的风险仍然不小，代价惨重。其出事的原因，大致可以分为两种。

一类是被监督单位报警。一些被监督单位实在无法忍受记者的嚣张气焰，不愿意忍受记者狮子大开口的窝囊气，便决定鱼死网破，大不了负面新闻见报。如，有的被监督单位的做法是，与记者商谈好“消灾”的价钱、交钱的地点后，立即报警，并让警察化成便衣在一旁等候。在交钱的那一刻，被监督单位拨通等候已久的警察的手机，警察当即破门而入，当场以涉嫌敲诈勒索的名义将记者抓获。人证、物证俱在，记者抵赖不过。抓获后，一般会视情节严重程度给予判刑。

另一类是被监督单位贿赂记者的行为被曝光。在一些重大安全事故中，事故方往往不惜一切代价掩盖事实，便拿出巨资贿赂新闻记者。而有的媒体记者不吃这一套，找到证据确凿把这个“黑幕交易”公之于众。比如，屡见不鲜的煤矿矿难“封口费”，被曝光和处分记者何止一两个？此类事件一经查实，轻则吊销记者的记者证和被报社开除，重则移交公安机关处理。

因此，记者和实习生在报道负面新闻时不得向被采访单位索取财物，更不能借机敲诈勒索。

或许有人会说，我们没张口向对方要，是对方坚决塞在口袋里的，想推也推不了怎么办？这种情况的确存在。一般来说，如果采访被监督单位时，没有利益受损方在场，被监督单位会当场希望请记者吃个饭，饭桌间塞给记者一个“信封”。对此，则要坚决推辞，言语要义正词严，不让对方感觉可以“做工作”。若有利益受损方在场，被监督单位会请记者或实习生留下电话，随后立即致电记者表示想“聊一聊”“聚一聚”“交个朋友”。此时，记者则要坚决避免与被监督方联络感情，推掉饭局或喝茶，从源头上不给对方空子钻。

实习生涉世未深，做负面报道的经验也不足，若收取对方的钱财，所写的稿件可能就“拿捏不到位”。一旦有损被监督单位的利益（负面报道肯定有负面效应），对方可能就会向报社投诉，公开“私下交易”，甚至把报社告上法庭。作为一个实习生就敢于收取钱财，性质何其恶劣，报社肯定立即将其扫地出门。更为严重者，此事一经传开，各媒体招贤时肯定会对其关闭大门，即便才气一流。

此外，实习生还要避免成为某个人、某个单位打压竞争对手的“棋子”，否则会深陷泥潭，不可自拔。“陈永洲案”就是一个十分典型的案例。

2013年，《新快报》原记者陈永洲被长沙警方跨省逮捕，理由是

“涉嫌损害商业信誉罪”。第二天该报以“本报评论员”的名义在头版头条发表文章呐喊：“各位读者，我们的记者陈永洲报道了中联重科财务问题，然后他就被长沙警方跨省抓走了，罪名是涉嫌损害商业信誉。对此，我们要呐喊——请放人。”文章称：“敝报虽小，穷骨头，还是有那么两根的。”一时成为微博上热议的话题，并被很多网友视为“今年媒体的最强音”。同时，该报用了两个版的篇幅详细披露了陈永洲被抓过程，并采访多位法学专家对陈永洲所涉的“涉嫌损害商业信誉罪”进行解读。然而，没过几天，陈永洲露面坦诚：报道中联重科财务问题的稿件，只有一两篇是自己采写的，其他稿件绝大多数都是他人提供，自己只是署名而已。

陈永洲的“坦诚”说明，他成为他人手中的一枚棋子了。陈永洲的“糊涂做法”何其愚蠢，何其令人不齿，还让报社信誉扫地、蒙羞难洗。对于记者和实习生来说，陈永洲无疑是一个警钟！

新闻敲诈等于玩火自焚！只有坚持马克思主义新闻观，坚持正确的舆论导向，严格遵守新闻采访纪律，才是真正的“平安险”。

师带徒何必“留一手”

师傅怕徒弟超越是一种不思进取的表现，更是一种不自信、不作为的悲观情绪。

在武侠小说中，我们不时可以读到这样的故事：师傅传给几个徒弟各一门武功，且不允许徒弟之间相互传授。

在现实中，不少民间艺人教徒弟必先让徒弟做几年门外工夫，然后再正式授艺，且有所保留，以免弟子抢了自己的饭碗。

这，其实是一种“师必高于徒”的利己心态，并没有“青出于蓝而胜于蓝”的胸怀！

不久前，几位长辈偶然听说我有指导大学生记者写新闻时，他们在欣喜的同时亦语重心长地告诫我：“不要全教，要有所保留。”

类似的告诫，我也陆续听到一些，我往往报之以感激的笑容，感谢他们的关爱，但内心却不以为然，仍我行我素。

回忆我在《中国教育报》湖北记者站师从程墨先生学艺时，他对我毫无敌意，把自己所学一一传授，并为我一点点的进步而感到高兴。

在整个实习期间，程墨先生把许多重大稿件都交由我来采写，或是与我一同外出的采访，稿件也全部由我来写。起初，他会对稿件如何写指点一二，一段时间后皆由我先写，他再看。凡是他不中意的稿件，便会耐心提出修改意见，让我再修改推敲。稿件较通顺后，他便亲自从头到尾修改，边修改边谈理由。他修改稿件时，我总是站立在一旁，虚心听其指点。

值得一说的是，我在办公室忙于写稿件时，程墨先生却显得很“闲”，甚至无事可做，他几乎就是看看报、喝喝茶。然而，这并不影响他的业绩，他每年皆是报社先进记者。

在湖北记者站实习的近一年里，我所署名发表的稿件里，头版头条有 7 个，二版头条 4 个，报眼报道 3 个，整版特稿 2 个。发表如此多重量级稿件，与指导记者提供众多机会和悉心指导密切相关。若程墨先生担忧我超过他，我肯定不会发表如此多的稿件。事实上，我自认为至今水平仍未超过程墨先生，这让我更加佩服他。

从程墨先生身上，我看到了虚怀若谷般的大度、海纳百川般的胸襟。这种榜样，不也值得我学习？我带徒又何必保留？

在我看来，师傅怕徒弟超越是一种不思进取的表现，更是一种不自信、不作为的悲观情绪。作为一名记者，不能死守住现在的写作技巧与才能，而应通过学习与时俱进，不断超越自己，战胜自己，因为真正的对手是自己，而非实习生。

记者在传授实习生知识的同时，可不断发现自身知识结构的缺陷以及某些才能的薄弱，进而有针对性地补习，岂非一件好事？实习生不断进步，积累许多的写作才能，向记者的水平靠拢，岂非又是一件美事？

当然，记者并不应对所有学生都倾囊相授，其主要原因可归纳为一点：此子不可教也。“不可教”的原因细分起来众多，如品行恶劣者、浮躁骄奢者、资质愚钝者等。特别是品行恶劣者，由于没有正确的人生观、世界观和价值观，学新闻写作丝毫没有“为人民服务”的意识，更没有“铁肩担道义”的勇气，反而“以权谋私”，用笔杆子来恐吓、敲诈有关单位和个人，以达到“肥己腰囊”的目的。对于此种实习生，记者一般不会精心培养，甚至对其避而远之。

事实上，不少记者的确对实习生倾其所有，无偿相授，至于实习生收获几何，关键看实习生的勤奋和悟性。由于实习生付出的努力不同，其成效也有所差异。实习生不必担心记者“留一手”，而应从自身找原因，是记者“不会教”，还是自己“不会学”。毕竟，对于记者来说，实习生能“独当一面”“堪当大任”也是一件引以为豪之事。

“单飞”机会不可失

“单飞”对实习生的锻炼较大，不论采访成功还是失败，都可积累到许多经验，留下许多深刻的采访体验。

曾听到一些实习生抱怨：带自己实习的记者出差了，最近都没事可干，不知道可以采些什么新闻。

其实，换个角度来看问题，这种不幸完全可以转化为幸运，因为这便意味着单独采访的机会来了。

一般而言，新闻系学生或学生记者到报社实习，大抵是跟随记者一同外出采写稿件的。也就是说，实习生是在记者的指导下进行新闻采写实践、学习采写能力的。这种情况是占绝大多数的。当然，少数实习生能获得一些单独采访机会。

派实习生单独外出采访，不少记者称之为让实习生“单飞”。单独采访机会主要有这样几种情况：记者到外地出差若干天，经记者允许或授意，实习生可单独外出采访；记者忙于重要家务事而无暇采写稿件，如结婚、相亲、装修房子等，实习生亦有外出机会；记者比较信任实习生的水平，在自身忙不过来的情况下，便会让实习生单独跑一些线索；一些国家级报纸为锻炼实习生能力，也会布置选题让实习生单独采访完成。

事实上，当“单飞”机会来临时，一些实习生并没有去抓住或在意。比如，一些实习生遇到指导记者出差等情况，他们大体有三种实习表现：第一，由于自身采写经验较少，记者不在报社就无所适从，不知道该做啥，每天呆在报社办公室里打杂，或干脆不去报社；第二，部分头脑灵活的实习生跟其他在岗记者“套近乎”，希望能跟随其外出采访；第三，部分能力较强的实习生根据收集到的新闻线索，单独或同其他实习生一起外出采访，稿件写好后发给记者审阅。

实践证明，“单飞”对实习生的锻炼较大，不论采访成功还是失败，都可积累到许多经验，留下许多深刻的采访体验。然而，一些实习生由于平时习惯于跟随记者一同外出采访，一旦独自外出采访，对新闻价值的判断、怎样完成采访等无法理清头绪，出现茫然不知所措的现象。

让能力较好的实习生“单飞”，对实习生的采访和写作大有好处。

求“质”还是要“量”

发表一定数量的稿件十分重要，但并非说稿件发表越多，就说明自己实力越强，数量与质量之间并不是等号关系。

一些学生记者在实习前或实习期间有这样的疑问：稿件是不是发表得越多越好？若稿件发表太少，会不会对将来进报社有影响？

这其实是一道发表新闻稿件求“质”还是要“量”的命题。也就是说，实习生在实习期间究竟是发表稿件数量多重要，还是发表深度报道重要？

或许，实习生曾遇到过这样的情况——在报社实习时，报社记者会对新来的实习生说：过去某某实习生表现优秀，工作勤奋，发表了不少稿件，大学毕业前就考进了某著名报社；某实习生单独采写的一篇新闻，我让他单独署名，结果他获得某报社的青睐……

或许，实习生还曾遇到过这样的情况——报社招聘新闻采编人员时，有时会发生这样一种“怪”现象：张三发表了数十篇新闻稿，洋洋洒洒几万字，却未被报社相中；李四只发表了几篇稿件，却被报社当作高材生录用。

这些发生在身边的现象，似乎模糊地揭示了新闻稿件质量和数量的重要性，但脉络并不是十分清晰。

且先说说实习生发表稿件的署名情况。毫无疑问，若见报文章上没有署实习生的名字，则该报道肯定不会被认为是实习生作品。而署名，则又分实习生单独署名、与记者联合署名两种。一般来说，大多数报社没有给实习生单独署名权，不论是实习生单独采写还是与记者一同采写的新闻，实习生都需要和记者一同署名。在新闻稿件上，记者的名字一般写在实习生前面，而一些大度的记者偶尔会让实习生的名字写在前面。当然，一些中央级的报纸比较尊重实习生的劳动成果，会给实习生展示自我的机会，让其单独署名，即凡是实习生单独采写的新闻，一律让实习生单独署名。也有一些中央级媒体记者会让实习生署名在前，以示该稿件以实习生为主采写。

事实上，并非很多实习生能有幸获得单独署名的机会。在联合署名的情况下，稿件的数量与质量究竟是什么关系呢？实习几个月，实习生需要发表一定数量的稿件。从某种程度上说，发表的稿件多，说明自己单独或随记者外出采访的次数比较多，已经积累了一定的采写经验。若稿件发表太少，则会让人怀疑是否到报社认真实习了、是否有参与采访和写作。

可以说，发表一定数量的稿件十分重要，但并非说稿件发表越多，就说明自己实力越强，数量与质量之间并不是等号关系。比如，我曾见过一名实习生，她在某都市报科教文卫部门实习一年，所采写的稿件都是“小豆腐块”，稿件内容比较单一，很难说明或很难看出这位实习生有多强的水平，最终既未能留在该报社，又未能敲开其他报社的门。然而，有的实习生发表的稿件并不多，但却有一篇或几篇是自己参与采写的深度报道，其采写有一定的难度，文章有一定的深度，反映出这位实习生“能写大稿”“挺有水平”，这就是所谓有质量的稿件。

对于单独署名的稿件，一般会被视作是实习生单独采写的，即使发表的稿件不多，但含金量较高，容易在报社招聘人才时被看重。因此，在实习期间，实习生应争取一些单独采访的机会，力争有几篇或更多新闻稿件单独署名。

其实，实习生所发表的稿件不论是单独署名还是联合署名，不论是数量多还是质量好，都只是表象，都不能真正说明问题。实习的最终目的是——通过实习积累采写经验，使自己初步具备一名记者的素质和水平。因此，不必刻意追求稿件数量的多少和质量的好坏，而应注重自己在采写新闻中所掌握的知识和积累的经验。只有使自己成为真正的“千里马”，才会在“旅途”中跑得更快、更美。

梁衡先生在《莫以最多论英雄》一文中说：“对一个有作为的记者来说，如果他总以写了多少稿件来自诩，就像一个年纪大的人骄傲地说他此生吃了多少千斤粮一样可笑。稿不在多，而在它的价值和影响。这样你才能在历史和新闻事业发展的坐标系里占有一个坐标点。”此言虽说是对报社记者的友善忠告，但对实习生或学生记者也有警醒作用。

值得提醒的是，一些实习生沽名钓誉，认为只要文章署名了就好，是否参与采写无关紧要。于是，他们在实习期间扮演着纯粹的打杂、跑腿的角色，外出采访不发言，回来写稿躲一边，把心思和精力放在拍马屁上，而采访和写作全部由记者完成，自己只是混个署名。试问：自己没参与采写的稿件，发表了有什么意义？即使将来混进了报社，又怎能胜任工作？须牢记，报社在业务上对记者最起码的要求是能采访、会写稿，而不是光说不练。

实习后可否留在报社

能否留在报社工作的一个重要前提，便是自身是否已具备当一名记者的素质与水平。若自身无真才实学、腹中空空，想实习后留报社则是痴人说梦。

常常有学生记者和新闻系学生问我这样的问题：我可以到某报社去实习，但毕业后不能留在这家报社，你说我去还是不去呢？如果不能留在报社工作，那岂不是白忙一场？一些报社总编、部门主任也告诉我：每年都有不少学生记者或新闻系学生问，实习后是否可以直接留在报社。

产生这个疑问，大抵与当前大学生就业特点和氛围有关。当前，一些高校推行“预就业”“订单班”人才培养模式，理工科大四学生到学校安排的企业实习，表现优异者往往会被企业相中，毕业后顺利被企业录用。一些用人单位到校园招聘准毕业生见习，也提出了优先录用表现优异者的优惠政策。不少学生认为，到什么单位实习，从某种意义上说就决定着自己就业的去向。因此，不少学生对实习单位的选择是非常慎重的。

应该说，早些年，的确有一些特别优秀的学生记者在报社、电视台实习后直接转正，甚至后来成为名记者、名主持人。

那么，如今大学生记者实习后能够留在所在实习报社工作吗？回答这个问题，我觉得需要从报社角度来看。毫无疑问，报社需要优秀的人才，从优秀实习生中择优录用符合报社要求的人才，不乏是一个省钱、省力、省事的好办法。优秀实习生通过一个阶段的实习，已经了解了这张报纸的定位、风格和读者，对某一两个领域的新闻采写驾轻就熟，对本报社的工作特点和环境较熟悉，一经录用，便可立即投入到工作中去。而报社通过公开招聘，不一定能招来报社真正需要的人才，一些会考试的学生不一定能写出优秀的新闻作品。正如一些用人单位感叹：

“现今的人才招聘制度设计的科学性有待改进，招来的人不好用，好用的人招不来。”优秀实习生则容易被伯乐发现，因为实习生有代表作品可供参考，有一线记者、部门主任的反馈意见，似乎更利于报社发现、选拔人才。

然而，不可否认的一个现实是，现今不少报社很少从实习生中直接选拔人才了。实习生要想留在该报社工作，只能等待报社招聘人才的时机，随其他应聘者一样报名参加考试了。究其原因，主要有以下几点：

第一，需求饱和而选择余地大。前几年，不少报社纷纷扩版、开设副刊、增设地方版，已经招收了大量的新闻采编人员。而报社退休的人员比较少，现有的记者编辑队伍相对稳定，所以影响力较大的报社岗位需求比较少。有的报社一两年才招聘一次人才，每次仅招聘几名记者和编辑。或许，可以这样理解，报社对人才由“求贤若渴”转为“精益求精”，因为新闻专业学生、学生记者数量过多，供报社挑选的余地十分大，报社没有必要把眼光死死盯在实习生上。

第二，实习生表现的空间太小。一般来说，在市民报实习的学生，很少有单独署名的机会，名字一般署名在记者后面。这样一来，稿件究竟是谁去采访的，究竟是谁写的，实习生参与的成分有几许，可能只有指导记者一个人知道，或者是某个部门的几个人知晓而已。从已有经验来看，实习生很难直接接触到报社领导，而报社领导也无从知晓、也不会关心某一位实习生的表现情况和水平如何。对于中央、省级媒体来说，由于其招聘实习生的门槛较高，只有极少部分学生可获得实习机会，至于单独外出采访、单独署名发稿的机会就更少了。

第三，实习生扎堆现象严重。在一些省会城市，由于高校云集，新闻系学生众多，而有吸引力的报社就那么几家，报社所能提供的实习岗位很少。不少高校统一安排新闻系学生到报社实习的时间是寒暑假，导致这期间各报社人满为患。于是，一个部门往往有几十个实习生，一个记者基本上都承担着带三四个实习生的任务。翻开一些报纸，不难见到记者署名后有好几个实习生名字。一般来说，一个记者平均一天发表一篇稿件已属高产，面对一两个新闻线索，采访时带谁去，稿件由谁来写，写完署谁的名字，这可以说是摆在记者面前的一道难题。由于时间和精力有限，记者不可能做到认真去指导每一个实习生。也就是说，利用寒暑假时间去报社实习，学生很难得到充分锻炼。

诚然，在就业压力大、竞争激烈的大背景下，实习后直接留在报社固然是上上策。应该说，实习生在实习后留在报社工作的可能性很小，但并不是没有。能否留在报社工作的一个重要前提，便是自身是否已具备当一名记者的素质和水平。若自身无真才实学、腹中空空，想实习后留报社则是痴人说梦。我建议，大学生临近毕业时的报社实习，不妨像正式记者一样勤奋采访，认真写稿，不断积累采写经验，注意提高自身采写水平，时刻做好留在该报社的准备。即便时运不济，没有机会留在实习的报社，也学会了一技之长，有了一身好厨艺，却担心没有饭店聘任，岂非杞人忧天？

面试巧讲故事

所讲的故事要说明什么，要向评委传递什么信息，内心应该是雪亮的。

考普通话前，曾听过湖北大学一位教授在讲座中传授“说话三分钟”的高招，其主要观点便是要善于讲故事，这样才有话可说、有话想说。其实，在报社招聘考试的面试环节，不妨也运用讲故事的技巧，让自己从众多考生中脱颖而出。

当然，这里所说的讲故事，不是海阔天空、天南海北地闲侃，也不是讲风花雪月、鸡毛蒜皮之事。讲故事，不仅要讲得精彩，引人入胜，而且要有目的，有主旨，也就是说，我讲这个故事要说明什么，要向评委传递什么信息，内心应该是雪亮的。

在湖大求学时，一位师兄曾介绍过他在湖北某报社面试中通过讲的三个故事，获得了那次招聘考试的面试第一名，顺利拿到那家报社的入场券。

第一个故事：有一次，在某市民报的招聘考试中，他的笔试成绩是第七名，该报社在“招聘启事”中明确指出招收记者、编辑至少十余人，但直到招聘结束，他仍没有收到报社的面试通知。于是，他来到该报社，找到该市民报的总编辑询问事情原委，对方支支吾吾答不上来。再三询问之下，该总编百般无奈，提出了一个难题：“你是学政治教育专业的，那你能不能告诉我怎样用‘三个代表’重要思想来指导我们市民报工作?”这位师兄想了想，反问道：“这个问题我答不上来，您是报社总编辑，您能否告诉我呢?”这个回答令该总编刮目相看，最后只能道歉说：“下次我们招聘人才，欢迎你再来。”

第二个故事：在某报社实习时，他的小灵通（小灵通：无线市话，是一种新型的个人无线接入系统。——作者注）被盗了。由于家里贫穷，他没有钱购买一部小灵通或者手机，但在报社实习又需要一部手机。思索一番后，他给某小灵通品牌武汉经销负责人写了一封信，大意是："希望能赠给我一部小灵通。虽然自己现在只是一名实习生，但锻炼好了就可以当记者，可以更好地为人民服务。"不久，对方打电话找到他，让他到报社附近某商场专柜任选一部小灵通。

第三个故事：实习期间，他曾接到一个老婆婆打来的电话，称："家里住的房子隔壁是一家餐馆，几台空调对着自家的墙壁，而自己家里没有空调，实在太热，简直没有办法居住。"他单独前往采访，找到餐馆负责人，简要说明来意，希望对方把空调移到阳台或楼顶上，不要再对着居民的墙壁。起初，面对实习生的采访和要求，该餐馆负责人置之不理。他便说："你不搬我就不走。"然后，他走到餐馆门口坐了下来。僵持了好一会儿，对方开始来软的，即递上一个信封，里面装着一叠钱。对此，他严词拒绝，不为所动。过了一会儿，对方又来硬的："这个地方比较偏远，治安不太好呀，你可得当心点！"闻此，他拿出手机说："你这样说，我就打110，警察应该是有吧！"说完，便作势要拨打电话。对方赶紧抢过手机，赔笑说："兄弟，开个玩笑。"最终，对方实在无奈，宣布当天下午餐馆停业，很不情愿地招呼工人把几台空调全部移到楼顶的平台上。

这三个故事是其亲历的，讲起来生动有趣，自然打动了评委们。

仔细研究这三个故事，都是有讲究的，能给他挣得加分。第一个故事，说明了其过人的胆识，且反应敏捷；第二个故事，说明了其有智慧有办法，解决问题不落俗套；第三个故事，说明了其强烈的社会责任感，不怕暴力不拿人钱财。这些不都是一名优秀记者应该具备的素质吗？这样的人才报社岂能不要？

事实上，这位师兄进入报社后，不仅勤奋采写稿件，而且写出了一批好稿。

即便不是到报社应聘，在其他面试中也不妨有选择地讲故事。2011年，福州某本科高校要招聘一名党办秘书，专门负责对外宣传，要求笔头硬、头脑活。出于种种考虑，该校邀请我担任面试评委。面试时，一名曾经从事记者工作的考生，在自我介绍环节重点讲述了其采访某商业巨头的故事，即讲述了为何要去采访、怎样让其同意接受采访、具体采访经历等，引起了评委们的一致好评。应该说，该考生确实有一定的新闻采写经验，且懂得发挥自身的优势，讲故事的策略用得较好。后来，她在面试中获得了较高的成绩。

那么，应聘者没有故事可讲咋办？编造几个行不行？不行！应该说，假的毕竟是假的，讲起来肯定不会生动，甚至还有破绽。只有亲身经历了，有较深的感悟，这样所讲述的故事才是精彩的，才是真实感人的，才能体现出自身的良好品质与丰富经验。

所以，在报社扎扎实实实习，真的是入职前必不可少的一门功课。

第三章

新闻会客厅

记者的功力体现于笔端。新闻报道上的人无我有、人有我优，说的就是要胜人一筹。怎么练就一身过硬本领？怎么在新闻竞争中立于不败之地？这需要积极投身于新闻实践，反复采写，认真反思，还需要自身有悟性，高人有指点。行走在新闻采写的路上，你可能希冀少碰壁，少走弯路，多一盏明灯，多一双期待眼神……

高校校园新闻线索的发现[①]

发现新闻线索不是毫无头绪地四处乱转，而是有规律可循的。判断所发现的线索是否有价值，可归纳为三个字："新、贴、实"。

在福建，高校学生记者队伍往往十分庞大，校党委宣传部有校报记者团、校电台，校团委有青年通讯社，各院系也相应设有记者团、青年通讯社等，人马加起来少则百余名，多则数百名。

而从学生记者投稿情况来看，他们大抵写的是本校新闻，不外乎是校园里的一些新鲜事，主要是团委、院系组织开展的一些活动。有学生记者问：这么多学生记者争抢一点校园新闻，可哪有那么多的新闻写呀？

正如人们常说的，身边不缺少美，而是缺少发现美的眼睛。高校承担着人才培养、科学研究、文化传承、服务社会等功能，是人才的集聚地，怎么会缺少新闻呢？

发现新闻线索，是新闻采写的开端。

但发现新闻线索不是毫无头绪地四处乱转，而是有规律可循的。

有学生记者问：从哪些地方去发现新闻线索呢？

第一，从校园网站、校报、文件、论坛、微博等载体上去发现。

一般来说，学校重大事件、重要政策都会及时在学校主页上刊登。学生记者应尽可能多注意网站主页信息，甚至要注意教务处、学工处、团委等网站，以及一些新闻较多、注重宣传的二级学院网站。我在大学期间，便在校园网站上获悉了许多重要政策新闻。如，我在《武汉晚

① 本文系作者2014年在福建师范大学卓越记者培训班上的讲演，内容有删改。

报》等媒体上先后刊登了《湖大体育特长生招生政策出台》《湖大首次招收艺术特长生》《湖大专升本招收100人》《湖大接收外校生读第二学位》等招考服务新闻。这些新闻来源均是学校主页上链接的教务处网站上发布的招生政策，我及时将其改写成政策新闻，往往第二天便得以见报。这些招生政策往往是众多市民、家长和学生较关注的，其信息有价值，故而媒体较喜欢。

校报亦是重要信息源。不少学生认为校报宣传味浓，有政治色彩，不贴近学生实际，学生们不爱读、不想读。但对于学生记者来说，校报不仅是自身习作的"诊疗室"，更是全校重要新闻的"集合地"，从中可以了解学校及各学院近期工作，可细心从中觅取新闻。有的新闻是显性的，对于校外媒体而言直接可用；有的新闻是隐性的，重要事实、有价值的内容隐含在长篇的稿件中。如，我在校报上见到一则短消息，内容是湖北大学一个教授专门编写了一本供外国人使用的汉语字典。我在网络上检索，未见到社会媒体的报道，便赶紧去采访，随后在《湖北日报》上发表了消息《湖大一教授发明了"洋查字法"》。

第二，从学校发生的一些重要事件、开展的重要活动中去发现。

学校发生的重要事件、开展的重要活动，往往与师生的切身利益有关，与学校的发展大局有关。领导关注，师生关心，往往就有新闻价值。比如，高校迎接教育部本科教学质量评估，博士点申报零的突破，都是学校所在地媒体关注和报道的重要新闻题材。

第三，从师生谈论的话题中去发现。

师生们谈论的话题，或是报喜，或是牢骚，或是好玩，或是无趣，或是高雅，或是低俗，往往可以发掘到一些话题新闻。比如，根据学生抱怨外校同学来学校玩，遇到下雨天没地方玩，我在武汉媒体上发表了《高校能否建立异性会客室》；根据大学生谈发论文要交版面费，我在武汉媒体上发表了《大学生被逼"一稿多投"》；根据毕业生恋人因就业不在一个城市而"忍痛割爱""痛哭流涕"，我在武汉媒体上发表了《高校毕业生期待"1＋1"人才招聘》；根据有学生反映一些毕业生不离开学校，占用学校资源，我在武汉媒体上发表了《校漂族留守母校该不该》；等等。

学生记者又可能接着问：围绕哪些内容去发现新闻线索呢？

第一，学校、院系领导重点推进的工作。比如，福建师范大学定期不定期举行书记早餐会、校长面对面活动，听取学生对学校发展、在校学习生活的建议与意见，我在《中国教育报》上发表了《书记早餐会真的超有爱》。又如，在2009年的第二批学习实践活动中，以“为侨服务”为办学宗旨的华侨大学，进一步挖掘侨校潜力，突出侨校特色，提升侨校层次，做大侨校品牌，切实在为侨服务中发挥出侨校的更大作用，我在《中国教育报》上发表了《华侨大学突出特色做强做大华文教育》。再如，福建师范大学协和学院在院长袁勇麟教授的倡议下，成立了“协和文化寻根”课题组，20余名师生踏上了寻根之旅，我在《中国教育报》上发表了工作通讯《访校友寻独特个性》。

第二，学校在科研、创新发明方面取得的重大突破。比如，福建农林大学尤民生教授主持的科研团队成功破译了小菜蛾基因组，系世界首个绘制完成的鳞翅目昆虫原始类型基因组，我在《中国教育报》上发表了《福建农大科研团队破译小菜蛾基因组》。又如，福建工程学院教授陈文哲及科研团队历时8年研究汽车玻璃取得重大突破，其科研成果“汽车玻璃深加工的关键制造技术及应用”荣获国家技术发明二等奖，我在《中国教育报》上发表了《福建工程学院“一片玻璃”走出创新路》。

第三，学校获得的一些重要荣誉。比如，在第十二届“挑战杯”全国大学生课外学术科技作品竞赛中，福建农林大学选送的6件作品全部获奖，以一等奖3项、二等奖3项，总分330分的成绩喜获优胜杯，总分列居全国参赛高校前列。我在《中国教育报》上发表了工作通讯《创新训练，练出真功夫——福建农大捧得大学生学术科技竞赛优胜杯的背后》。

第四，高校普遍存在的热点难点问题，如招生、就业、考试等工作。以就业为例，各高校促进大学生就业的招数就那些，无非是举行招聘会、发求职补贴、搞模拟面试、注重心理辅导等。如果某高校有突破，就可以重点报道，以给其他高校借鉴参考。比如，福建医科大学探索了“一站式”校园招聘会，即把用人单位和政府有关审批部门请进学校举办专场招聘会，采取集中公告、单位宣讲、现场报名、审核报名、组织笔试面试、签订协议等流程，缩短毕业生投简历后的等待录用时间，实现在校园内规模签约。对此，我在《中国教育报》头版头条位置发表了经验消息《福建医大："一站式"校园招聘会便捷又高效》。

第五，大学生中创业典型、励志人物以及教师中的师德楷模。比如，我在《中国教育报》头版头条位置报道了山东农大返乡创业的2008届毕业生谢思惠，怎么带领农民共同致富的创业故事。又如，从小患上小儿麻痹症，不能站立的罗耀桥，2010年考入厦门理工学院软件学院，2013年专升本考入闽南师范大学，我在《中国教育报》上发表了人物通讯《"希望永远拥有求学的梦想"——记厦门理工学院2010级学生、海西励志人物罗耀桥》。

第六，学校在人才引进、人才培养、办学模式、后勤管理等方面的改革。这些改革如果有成效，有经验，有说服力，就可以作报道。比如，福州大学将数十栋学生公寓划分成一个个小区，借鉴社会家居式服务管理模式，"后勤中心"成为"物业中心"，后勤真正把服务送到学生心坎上。我在《中国教育报》上发表了深度报道《学生公寓管理"小区化"之变》。又如，福建中医药大学从创新技能技术和手段入手，切实建立技能支撑体系，完善节能工作机制，双管齐下建设节约型校园，在节水、节电等方面取得显著成效。2013年，该校被列为国家首批"节约型公共机构示范创建单位"。我在《中国教育报》上发表了《福建中医药大学处处节能减排》。再如，漳州师范学院校长李进金教授曾在调研中发现，农村中小学缺乏优秀教师，而师范生在市区中小学实习又没有多少上课机会，便与部分县（市、区）教育局合作，引导在校师范生到农村学校实习支教，我在《中国教育报》上发表了《漳州师院派师范生赴农村校实习支教》。

第七，有关学生思想、心理健康、核心价值体系等工作。这些传统题材比较难见报，关键看做法是否实在、是否创新。比如，三明学院在时任党委书记马国防的倡议下，全校在岗的专任教师、管理干部和教辅人员都必须担任学生导师，要根据自身特长和能力指导两三个宿舍的学生，要做到经常到学生宿舍、教室等场所了解学生的思想、学习和生活等方面的情况，及时帮助学生解决实际困难。我在《中国教育报》上发表了《三明学院教师争做学生成长引路人》。又如，从2007年起，龙岩学院在全校公开招募优秀大学生到社会主义新农村建设调研基地、思想政治理论课实践教学基地所在乡镇担任村长助理或村党支部书记助理，任期一年，我在《中国教育报》上发表了《龙岩学院在校生当上“村官”》。

第八，校园内的一些新鲜事、感人事。当然，这些新鲜事并不是那些低级趣味的事，更不是无聊恶搞，如大学生裸奔庆祝毕业、女生节时女生给男生送内裤等。报道这些低级趣味题材的记者，往往也不是一个高品位的人。这里所说的新鲜事、感人事应该要体现学校关爱学生，以人为本，应该要体现大学生思想健康、道德高尚、积极向上。比如，《中国教育报》刊发的《福建师大闽南科技学院过生日学子可免费用餐》《泉州师范学院：毕业生把寝室打扫干净再离校》《福建师大福清分校：用镜头带山区娃“行走”中国》《莆田学院有个文明礼仪推广队》《闽江学院补助车费助家庭受灾学子返乡》等，就传递了正能量，弘扬了真善美。

第九，学生社团活动、“三下乡”等日常活动。比如，《中国教育报》刊发的《福建工程学院：“6点半俱乐部”晨读者大本营》，就是讲述的社团如何营造良好的学风、校风；《福建农大：大学生暑期下乡当“秧农”》，就是讲述大学生在“三下乡”期间下田体验劳作。

当然，学生记者可从哪些地方、围绕哪些内容去发现校园新闻线索，还可以进一步去总结与归纳，本文不能一一穷举。

至于怎么去判断所发现的线索是否有价值，我简单归纳了三个字：“新、贴、实”。所谓“新”，是指题材新、角度新、立意新；所谓“贴”，是指贴近宣传需要、贴近工作需要、贴近读者需要；所谓“实”，是指做法实、内容实、写法实。

采访提纲的落脚点在哪

采访提纲是记者采访意图的反映，也是指导采访工作的“方向盘”。它应包括采访对象和采访问题。

翻阅一些新闻写作学方面的教材，较少见到谈如何撰写采访提纲的篇章。翻阅任何一张报纸，也不会见到单独刊载采访提纲的。为何？通俗地讲，采访提纲只是记者的采访意图和思路，是采访前制订的采访实施计划，或是记者采访过程中的备忘录，或是提前告诉采访对象自己在采访中的提问。一般来说，若非做深度报道或应采访对象要求，工作几年后的记者很少会先写采访提纲再外出采访。记者的采访成果反映在报纸上的是新闻报道，而采访提纲则是“幕后英雄”。

然而，一些报社或相关单位在招聘人才的考试中，却屡屡出现撰写采访提纲的题目。2012 年，福建一高校宣传部公开招聘一名校报编辑，其笔试部分题目是：根据中国优秀传统文化主题公园（和园）建设规划思路和相关设计图，撰写一则新闻采访提纲，字数 200 字左右。题目后附有“建设规划思路”，详细介绍了场地区位、场地分区情况，并对场地分区中的和园、古代文学园、儒家典籍园、书法碑林、近代名人石头雕像等进行了设计思路介绍。

恰逢该校邀请我担任笔试评委，我便有机会认真阅读了所有应聘者的答卷。据了解，该校招聘校报编辑对应聘者所学专业进行了限制，明确要求新闻、中文等相关专业，而且应聘者中不乏在记者团中锻炼过的学生记者。然而，这道题竟然令应聘者措手不及，因为从应聘者的答卷来看，不少应聘者对怎样写采访提纲、怎样写新闻稿件并不在行。

应聘者的采访提纲五花八门：有的把新闻标题拟定、撰写稿件列入采访提纲，而这不属于采访提纲的范畴；有的对采访对象的选取并不恰当，如“预约和采访人文学院中文系教师或教授，谈对和园的认识”；有的采访对象选取过于笼统，如“采访几位教育相关人士、社会人士、学生等，了解其对此项目建设的看法”；有的采访对象选取过于单一，仅仅采访和园的设计师；有的甚至没有选取采访对象，只列出了采访提问；有的把多个采访对象和采访问题搅在一起，问题的指向性不明确；等等。

那么，怎样写采访提纲呢？一般来说，设计采访提纲时要认真考虑确定采访主题、熟悉被采访人资料、深入了解采访背景、整理线索、设计问题、罗列问题等。就这次招聘来说，采访主题已经明确，也不需要把采访提纲发给采访对象，应聘者只需要列出采访对象和采访问题。从考题的意图来看，校方目的是想通过应聘者撰写采访提纲，检验考生是否知道需要采访谁、采访哪些问题，准备从什么角度来写这篇报道，以进一步考察考生是否有新闻采访经验或是否具备从事记者编辑工作的潜质。

采访提纲是记者采访意图的反映，也是指导采访工作的“方向盘”。当然，不少记者在实地采访中一旦发现预想和事实有较大区别，或者发现更有新闻价值的点，就会根据实际情况灵活调整采访意图和提问，甚至全盘推翻事先预定的采访主题。在此暂不作讨论。

因此，在完成这个采访提纲之前，应聘者应明确以下几点：第一，这则新闻的价值在哪里？新闻眼应该放在哪里？第二，读者对这些新闻是否感兴趣，哪些是读者感兴趣的内容？第三，以什么形式来告诉读者这则新闻比较合适？怎样吸引读者的眼球？

我认为，这则新闻的采访提纲至少要有这些采访对象和采访问题：第一，采访相关校领导，了解为何要在校内建设中国优秀传统文化主题公园以及和园命名的由来；第二，采访规划设计师，了解和园的布局规划、和园的亮点和特色、和园建设与学校文化传统的结合情况，以及和园的开工和竣工等情况；第三，采访几名师生，听听师生对建设和园的意见和建议。

再举一个我外出采访前所写的采访提纲。我曾到福建省直广厦幼儿园采访家长委员会工作，采访前幼儿园希望我列一个采访提纲。随后，我便给出了采访提纲：（1）基于什么考虑，广厦幼儿园决定成立家委会？是幼儿园工作需要还是家长倡议？何时成立？成立时，家长们是否愿意参与？成员怎么选出来？家长们对家委会有何看法？（2）家委会成立后开展了哪些活动？家长、幼儿园、孩子从中有受益吗？请举实例说明。(3) 家委会平时以什么形式参与幼儿园的活动？对幼儿园的教育教学和保育工作是否有好处？(4) 要搞好家园共育，家委会还有哪些工作可以做？有哪些好的改进意见？哪些地方还应进一步完善和提高？(5) 广厦幼儿园搞的家委会工作能给别人什么启示？您认为有哪些经验可供别人借鉴？采访对象：园长、家委会成员多名、学生家长、教师等。

应该说，真正有较丰富的采写经验的学生记者，草拟采访提纲是轻而易举之事。那采写经验哪里来？实践！学生记者应抓住一切机会在校内外开展新闻实践，安排时间到报社实习，日积月累便有了功力。

暗访的前提是自我保护

初次去暗访，实习生最好同资深记者一同前往，要请求当地派出所支持。暗访中，应注意收集和保留证据。

暗访，就是指隐性采访，是指记者为了完成某一特定的采访任务而把自己的身份和意图隐藏起来的一种采访方式。

一般来说，记者不会派实习生单独去采访有生命危险的新闻事件。但如果记者派实习生单独去采访呢？或者，实习期间能不能做些暗访之类的采访呢？

对于市民报记者来说，面对暗访是迟早的事，是必修的功课。从这种意义上来说，实习期间就体验体验暗访未尝不可，但一定要注意暗访的技巧。当然，暗访最基本的前提是学会保护自己。

在报社实习时，记者曾给我一条线索：武汉市武昌火车站前有人挂牌指路，指一次路收费一元。此事很常见，却不合理。我在暗访时发现，不少外地人到武汉后，人生地不熟，根本不知道在武汉怎么坐公交，便去问站牌一旁的“指路人”。问完，对方便找问路人要钱。一些外地人对问路收费感到纳闷，但看到不远处有几个虎背熊腰的大汉，只得乖乖地交上“买路银”。

应该说，这个新闻介于显性采访和隐性采访之间，记者或实习生似乎也可以在拿到证据后表明身份采访“指路人”。然而，由于这些“指路人”并无固定单位，也无法知其住址，而又有几个“保护伞”，只能放弃采访“指路人”。

那天暗访时，我心跳得很厉害，尽管事先与武昌火车站站前派出所联系了。由于经验不足，我并未拍摄到图片，不免有些遗憾。

结合自身暗访经历，对实习生暗访支几招：

一是可以结伴暗访。初次去暗访，最好同资深的记者一同前往，资深记者经验丰富，懂得保护自己，且容易完成采访任务。若不能有记者同行，则最好约其他实习生一同前往。采访前，要把可能遇到的危险想得更全面些，并想好应对策略。

二是请求当地派出所支持。一些暗访危险系数大，实习生可请记者与当地派出所联系，请求民警能在暗中保护。这样，即使在暗访时身份被曝光，警察也可以及时保护自己。

三是曝光后要尽快跑。三十六计，走为上计。一旦身份被曝光，对方气势汹汹地冲过来时，一定要尽快离开现场。

四是注意暗访技巧。若是一般性的暗访，只需采写文字，可以在乔装后接近被暗访对象，观其行、听其言。只能用心默记，不能掏出笔和本子记。若需要采访受害者，一定要避开被报道人的视线进行采访。

五是要收集和保留证据。暗访过程中，若不能接近现场，则应尽量拍摄有利于新闻报道的现场画面；若可以深入现场，则应用隐藏的录音笔、摄像机等工具收集证据，以便“真相能大白于天下”。

至于暗访写作，则可突出记者暗访的过程，即在暗访中所见所闻，以及如何进行的暗访。

附文：

武昌火车站宏基客运站前老汉挂牌指路收费无理

本报记者　向勇　实习生　龙超凡　杨贵铣

时间：昨日中午11时许

地点：武昌火车站前

一名七旬老汉坐在椅子上，手拿一本公交路线小册子。一中年女士看到老人胸前“乘客咨询”的牌子，上前问路。

该女士要去汉口循礼门，老人为其指了路。她道谢后欲走开，却被老人拉住。

“问路一次，收费一元。”老人说。

“你不是火车站的工作人员吗？怎么还要收费？”该女士不解。

“不是。”

“但你的牌子上没说要钱啊。”

“我 70 多岁的人了，跟你说这么多，怎么可能不收钱呢?”老人有些不耐烦了。

女士无奈，掏出 5 角钱。老人接了钱，有些不乐意：“这么多人问路，就你最啰嗦。”

连日来，记者接到多名读者反映，武昌火车站和宏基客运站附近，有些人打着“乘客咨询”的牌子，先指路，再要钱，有欺诈之嫌。昨日，记者在此暗访，目睹了以上这一幕。

该女士接受记者采访时仍很气愤：“我并不是给不起 1 元钱，只是觉得这种行为不对。”她自称姓罗，咸宁人，来武汉开会。“附近有两个人盯着我，我不敢不给钱。”她说。

记者观察到，1 小时内，有 20 余名乘客向该老人问路，老人各收了他们 1 元钱。

在宏基客运站前，3 名男女也打着类似的“咨询”牌子。其中的刘某对记者说，自己提供了服务，收 1 元钱是应该的。但掏了钱的乘客都认为，此类咨询有一定的欺骗性。

省物价局服务性收费管理处人士说，这种收费没有经过批准，属于乱收费行为，一经核实，将予以查处。

武昌公安分局站前派出所所长汪德华警告那些“咨询员”“莫出格”。同时提醒乘客，如果遇到强行索要，或受到威胁及殴打，可立即报警，公安部门将坚决打击。

（原载《楚天都市报》2005 年 3 月 4 日）

抢新闻意识不可丢

记者遇到好题材，应如口渴之人见到甘泉，饥饿之人见到美食，不顾一切地扑上去。

某高校学生记者曾向我提供了这样一条新闻线索：该校校长担任某本科生班级的班主任，通过多种做法关心学生成长。我马上回复说，这是一个不错的线索，可以马上着手采访。理由是：当前，不少高校校长忙于教学、科研和行政工作，对于学生而言是“隐居深宫”的“神秘人物”，有的大学生在四年里可能只见过校长两次，即在开学典礼和毕业典礼上，且是远远地遥望校长模糊的身影，听到从扩音器里放大的校长声音。校长当班主任是校长去行政化的表现之一，是高校全员育人、以生为本的具体体现，其意义不小。

我对该学生记者大致讲了采访思路：校长当班主任的前因后果，校长的想法及有关师生的反应。当然，我也强调可根据采访实际情况来写稿，不一定完全按照我的思路采访和写稿，因为“主题先行式”采访有其局限性。

两天过去了，该学生记者仍未向我反馈采访情况。于是，我致电该学生记者询问稿件进展情况，对方答：另一学生记者已经去采访了，且校长似乎不愿意大肆宣传此事，便决定放弃采访；若需要稿件，可请另一学生记者发给我。

俗话说：同行是冤家。他不愿与他人竞争，宁愿自己放弃一则好新闻，且愿意推荐其他学生记者的稿件，说实在的，我为这名学生记者的厚道与大度感动，内心是为其喝彩的。

然而，从新闻记者需具备的素质来说，抢新闻意识和能力必不可少。记者遇到好题材，应如口渴之人见到甘泉，饥饿之人见到美食，不顾一切地扑上去。

在校园里，学生记者经常会发现同一选题，比如一同参加的学术讲座、社团活动，对此，谁先投入采访，谁先迅速写出稿件投稿，谁就可能有较大机会发表稿件。当然，如果“后来者居上”，其写作水平较高，文笔优美，语句精炼，视角独特则也会有较大的机会发表。因此，在水平相差无几的情况下，采写新闻的速度往往就决定了稿件能否发表。

其实，不少学生记者可能都有类似的经历：某天，突然想到某事似乎可以报道，却由于自身较忙而没有立即投入采写，没想到，过两天却在报纸上见到了其他学生记者采写的该事件的报道。由于他人已作了充分报道，自己便无法跟进了，只能在内心说“遗憾了”。这就是不少学生记者说的：“哎呀！这件事我也知道是新闻，就是没有立即去写。”

我在担任校报记者时，有一次校报记者团开会，一名学生记者在会议休息时说，他今年获得了国家奖学金，领取后立即拿出部分钱转捐给本学院其他贫困生。他介绍，学院贫困生较多，而国家奖学金额度较高，名额却较少，所以学院鼓励获奖者捐出一部分，且自己也曾获得过捐助，如今自己拿出部分奖学金捐助他人也是理所当然的。据说有好几个学院都有这个做法……我听着听着就意识到这是一条不错的新闻。于是，我把这些学生记者当作采访对象，不动声色地对其展开采访，会后赴有关院系核实并补充采访，抢到了一条独家新闻。很快，这则新闻先后刊载在《楚天都市报》和《长江日报》上。

抢新闻时，应注意抢第一手材料。也就是说，学生记者采写新闻时，应该深入到第一线去采访当事人及相关的人，而不应满足于他人提供的材料或校园媒体上已刊登的报道。别人提供的材料与已发表的报道都是第二手、第三手、第四手材料，是经过他人甄选、删减、加工了的，与真实情况可能有些出入。学生记者亲自到一线采访，听到的、看到的肯定比第二手材料要丰富、生动、鲜活，写出来的稿件也不会枯涩、干瘪。

事实上，有的学生记者去采写某新闻事件时，其他学生记者或许早已捷足先登了，且作了详实的笔记。若直接借用其采写记录或向其了解情况，似乎更省力、省事，但毕竟获悉的是第二手材料，此举不值得提倡。

在校期间，学生记者应有意识地训练自己抢新闻意识，总结抢新闻的经验。因为作为一名记者，往往会面对与报社同事、与其他报社记者抢新闻的情况。

抢新闻，是一种实实在在的竞争，是一名记者必备的素质。抢新闻，也是落实真实是新闻的生命的具体行动。所以，学生记者或实习生在发现好线索或题材后，应立即投入采访，不能等，不能拖，否则极有可能被他人“抢先一步”。采访后，应迅速把稿件写出来，并投给有关媒体记者或编辑。

附文 1：

贫穷挡不住爱心的延伸

高校转捐奖学金蔚然成风

本报讯（记者　陈俊旺　通讯员　龙超凡）湖大特困生徐海涛家中有身患重病的母亲，学费全靠助学贷款，生活费靠勤工俭学，上月底，他却毅然从国家奖学金中捐出 1000 元给其他贫困生。

记者昨从湖大获悉，该校法学院去年共有 6 个人获得国家奖学金共 2.6 万元，有 5 人共转捐 5200 元；文学院 12 个人获奖，有 6 个人共转捐 5500 元；化材学院也有 8 个人共转捐 7500 元。

据悉，在武汉各高校，不少获得国家奖学金的大学生都进行了爱心转捐。湖北经济学院一名大三男生，获得 4000 元国家奖学金，同时获得省奖学金，他特拿出 3000 元钱捐给该校一名身患重病的学生。

国家奖学金得主大多是贫困大学生，他们为何反将部分奖学金转捐他人？徐海涛说：“大一有段时间我每天只吃两顿，每餐不超过两元，同学向超主动资助了 500 元给我，我流泪了，其实向超家庭条件也不太好。我暗自发誓，将来获得奖学金也要资助像我一样贫困的同学。”

也有大学生说，因为国家奖学金较高（一等奖 6000 元、二等奖 4000 元），同时又减免了当年学费，拿出一些捐助同学，这也算是回报社会。

湖大叶显发教授说：“贫困生拿出部分奖学金捐献给其他贫困生，这已成为校园美谈。这就像传递爱心火炬一样，一直传下去，永不熄灭。”

（原载《楚天都市报》2004 年 5 月 9 日）

附文 2：

湖大学子争传爱心火炬

本报讯（通讯员　龙超凡）国家奖学金得主大多是贫困大学生，湖北大学部分获得奖学金的同学，还力所能及地主动转捐部分奖学金，资助品学兼优的其他贫困学生。

笔者昨日获悉，该校法学院去年有 6 人获得国家奖学金共 2.6 万元，有 5 人共转捐 5200 元；文学院 12 人获奖，有 6 人共转捐 5500 元；化材学院也有 8 人共转捐 7500 元。

该校法学专业 2002 级学生徐海涛家中有身患重病的母亲，学费全靠助学贷款，生活费靠勤工俭学，上月底，他却毅然从国家奖学金中捐出 1000 元给其他贫困生。

有人认为徐海涛自己很贫穷，没有必要捐献，而他说："大一有段时间我每天只吃两顿，每餐不超过两元，同学向超主动资助了 500 元给我，我流泪了，其实向超家庭条件也不太好。我暗自发誓，将来获得奖学金也要资助像我一样贫困的同学。"

高年级同学获奖后则捐献低年级学生，已经形成了该校传统。湖大叶显发教授说："贫困生拿出部分奖学金捐献给其他贫困生，这已成为校园美谈。这就像传递火炬一样，爱心永不熄灭。"

（原载《长江日报》2004 年 5 月 18 日）

批评性报道要留有余地

做批评性报道，不是要一棍子将对方打死，也不是要把对方怎么样，而是促使其改正错误。

舆论监督离不开批评性报道。做社会新闻，揭露社会丑恶现象如家常便饭。有的记者对批评性报道有特别的嗜好，哪里有负面线索就扑向哪里，甚至达到捕风捉影的狂热程度。

诚然，批评性报道社会关注度高，反响热烈，记者更容易出名。但记者采写批评性报道不应是追求个人刺激，更不应是达到迅速成名的目的。批评性报道应是建立在敦促不良行为或风气改正的基础上，达到社会和谐的目的。

对于实习生而言，做批评性报道更应端正心态，不是要一棍子将对方打死，也不是要把对方怎么样，而是促使其改正错误。也就是说，批评性报道要在让被批评方心服口服的基础上，给对方留有改正的余地。给他人留有余地，就是给自己留有余地。正所谓“做人不能太绝情”。

我实习时曾接到读者线索称，武汉武昌火车站附近一电车亭公然贴出告示“此处不问路”，影响城市形象。采访结束回到报社写稿时，我们在文中没点出多少路电车，给对方留个面子，以免给该公司造成较大的损失。发稿同时，我们给该车队负责人讲述了此事，以让其改正。

第二天文章见报后，该车队负责人打电话给我称，已对相关工作人员进行了停职处分，并作出了整改，主动提供问路服务和其他优质服务，希望记者能前往车队作跟踪采访，报道事情的后续进展。我当即在电话中表达了两层意思：第一，我这两天会直接去乘坐这路电车，通过暗访来看看是否已经整改了，是否提供了优质服务；第二，对相关工作人员的处分应以批评教育为主，反省改正后仍应及时安排上岗工作，不要因媒体报道了而严厉处分，毕竟找一份工作不容易。

该车队负责人心悦诚服，感谢记者的报道，而批评的目的也达到了。事后，报社也对此事进行了追踪报道，赞扬该车队有错必改、知错就改。

附文1：

一电车调度亭贴公告称此处不问路

工作人员嫌烦

本报讯（记者　向勇　实习生　龙超凡）出门在外，人生地不熟，问个路是常有的事，可武昌某电车调度亭却贴出这样一则公告：此处不问路！昨日，武昌许先生向记者反映了此事。

昨日上午9点半，记者来到位于武昌梅家山的该电车调度亭，只见亭子的玻璃窗上贴着一张白纸，上面打印着“此处不问路”5个大字。亭内两名女工作人员身着便服，坐在一起说话。

记者在调度亭一旁观察了约半个小时，没有看到有人向工作人员问路。其间有几人走到调度亭前似欲问路，大概看到了“此处不问路”的告示，转身便走。记者就此采访了其中一人，他说：“我到过许多城市，这种事还是第一次看到。”

10时许，记者上前准备拍照，一名女工作人员赶紧一把撕下告示，同时喝问：“搞么事啊？”

记者表明身份后，这名工作人员解释说：“每天问路的人蛮多，蛮烦。”记者问：“这样贴着好吗？”她连声说：“我做错了。”并表示今后不再张贴。

记者附言：

许先生向记者反映此事时说，这里临近武昌火车站，南来北往的人很多，眼下临近新年，正值春运高峰，人流量大，问个路很正常，这样一纸告示，岂不令人心寒？事情虽不大，却蛮影响形象——既影响该公司的形象，也影响武汉的形象。记者实地踏访后，颇有同感。

（原载《楚天都市报》2005年1月29日）

附文 2：

调度亭贴出公告事件续——

此处成“义务指路处”

本报讯（记者　向勇　实习生　龙超凡　通讯员　周晓玲）昨日本报报道《一电车调度亭贴出公告——此处不问路》后，当事调度员被撤换，该调度亭主动提供便民服务。

昨天上午，8路电车线路负责人经调查发现，确实是一调度员因发牢骚，闹情绪，贴出“此处不问路”的公告，便当即撤换了该调度员，并在调度亭张贴“义务指路处”，主动为问路群众指路。该负责人说，还将免费为问路群众提供饮用水、创可贴，以及解酒、晕车等药物。

（原载《楚天都市报》2005年1月30日）

突发事件须深入现场采访

在不能到达突发事件现场的情况下，记者和实习生应尽量少做、不做报道，若要报道，则要慎之又慎。

有一天临近发稿前，某都市报实习生接到一个陌生读者的报料电话，对方称：武汉市某小区一个老太婆为了迎接新春在家打扫卫生，今天在家擦洗户外玻璃时不慎坠楼摔死了。联系到该报近期刊登了一两条类似提醒市民注意人身安全的新闻，实习生和记者均判断这条新闻应该可以见报。

然而，由于天色已晚，前去采访再发稿肯定来不及了，且事故现场可能已经没了。若不去采访、不写稿，似乎是浪费了一条有价值的新闻线索。

对于类似有价值的报料，记者和实习生一般会前往采访，但也可能会遇到没有办法前去采访等情况。对于读者的报料，记者和实习生不可尽信，亦不可完全不信。记者若直接采访报料人写稿，而不深入现场，其风险太大。

那么，对于突发事件，在不能前去实地采访的情况下，能否通过电话、网络等手段完成采访，然后发稿？

众所周知，真实是新闻的生命。记者未深入事件现场，就直接坐在办公室写稿，是件非常有风险的事情。试想：如果读者的报料是随意捏造的恶作剧、纯属子虚乌有的事情，或者是道听途说，或者某些细节与事实有出入，一旦见报后果不堪设想，记者的名誉何存？报社的公信力何在？

因此，在未到达突发事件现场的情况下，记者和实习生应尽量少做、不做报道，若要报道，则要慎之又慎。慎重什么？就是要保证新闻真实，既做到整体真实，又做到细节真实。

具体来说，记者在采写类似新闻的时候要做到：第一，先在电话中听报料人对事情前因后果的详细表述，对细节进行再三核实，同时要求报料人提供事故现场照片。第二，请他人帮助核实。记者可联系居住在事发地附近的通讯员，请其到现场去核实事情是否发生、事情的经过。若通讯员不能到现场，可请通讯员联系其他人了解情况。第三，多方核实。记者应多联系几位得力的通讯员了解情况。同时，还可以通过公安部门、社区居委会等了解核实。现今，新媒体比较发达，网民爆料比较多，记者也可通过网络搜索功能核对。若报料人和通讯员的讲述不一致，或对某些情况存在疑点，即便事情真有发生，也不要发稿。

当然，如果突发事件影响较大、新闻价值较高，记者和实习生应立即向部门领导报题汇报，申请报社派车立即赶往现场采访，并协调有关部门预留一些版面。

作为一名记者或实习生，对于熟悉的通讯员来稿或报料，也要保持警惕和怀疑的态度。一般来说，经常有业务联系的通讯员在主观上不会搞无中生有、歪曲事实等恶作剧，但他们在写稿、发稿上存在急于求成、采访不够深入等特点，容易出现未对新闻事实仔细核实的情况。

比如，《长江日报》记者朱建华在其博客上撰文称，2011 年收到一篇通讯员来稿，文章大意是：湖北一名高考考了 611 分的文科学生，毕业于武穴中学，因为学习压力大，从湖北的一所 211 高校退学去一所三本高校读自考了。这是一条令人振奋的“猛料”！朱建华记者报题后立即前往这所三本学校采访，辅导员等相关人士都一口咬定确有此事，但当事人却始终没有露面接受采访，且学校未透露其姓名。由于所获取的都是间接信息，朱建华记者准备写稿时弄成一个带有疑问性的标题，通过稿件把整个采访过程讲出来。然而，当天晚上，他在核查今年高考高分成绩名册时发现，武穴中学并没有考 611 分的文科生。随后，该记者接到了该校新闻发言人等人的电话，被告知稿件勿发，信息有误，高考 611 分的说法不准，并解释了有关情况。

可见，记者未到一线采访，未采访到事件当事人，发稿宜慎之又慎。即便是骨干通讯员的来稿，也要仔细核实主要新闻事实，多在心里打几个问号，确保稿件所传递的信息真实、可靠。

脱离采访本写稿

不少记者在采访归来的途中就在脑海中想标题，打腹稿，回到报社不用打开采访本，便可直接把稿件从心里“掏”出来，给人倚马可待的感觉。

在市民报社会新闻部、机动部，记者采访归来写稿方式大致可以分为两种类型：一类是写稿时不用打开采访本，根据脑中的记忆一气呵成，写完稿后再打开采访本核对人名、地点、数据等重要细节；另一类是边看采访本边写稿，写稿时断断续续，遇到疑惑时便打电话给被采访对象，或核实细节，或作补充采访。

实习生往往比较佩服那类写稿不看采访记录的记者，却不知其本领从何而来。脱离采访本写稿，归根结底是采访时比较深入、细致、全面，记者对事情的来龙去脉、前因后果已了然于胸，心中没有疑问和未知情况。由于是采访后立即回报社写作，此时离采访结束没几个小时，故采访的内容仍历历在目，记忆犹新。另外，不少记者在采访归来的途中就在脑海中想标题，打腹稿，等到了报社，其稿件已在脑海里“写”出来了。于是，记者回到报社便可直接把稿件从心里“掏”出来，给人倚马可待的感觉。

那种写稿时断断续续的记者，往往由于经验不足、采访不够深入等原因，导致采访不到位，如有些细节没了解清楚，相关人士未采访或采访的信息无法用。因此，记者写稿时尚未弄清事情的经过，没有理清事件的新闻价值所在，故想破脑袋也憋不出来几个字。

采访不到位的情况，除了客观时间、条件不允许外，一般是记者采访时没能抓住核心内容，即采访时并不知道自己该重点采访些什么内容、哪些问题需要了解等。

对于记者来说，进入采访状态后就要迅速了解事件的大致情况，进而判断其新闻价值在哪里，从而决定自己写作的思路和角度。一旦脑海里有了方向，便可“问吾之所要，记吾之所要”。

对于初出茅庐的实习生来说，练就“脱本写稿”的工夫并不易，但应是努力的方向。在实习期间，实习生不妨有意识地从以下几个方面培养此等功力。

其一，采访细致。对于一些非突发性的事件，实习生可事先查阅一些相关资料，记住可能会用得上的信息。此处重点说突发性社会新闻，它一般无资料可查。采访时，实习生应对事情的方方面面都进行了解，不要尚有疑问就草率结束采访。对于一些重要的细节，应尽量具体、形象、真实。比如，事件发生的那一刻，当事人正在做什么、有什么反应、表情、语言等。

其二，学打腹稿。在采访时，实习生便可初步在脑海里形成写作思路，写什么、大致怎样写。采访结束至回到报社有一段坐车时间，不妨在内心琢磨标题、导语、正文、结尾等。当然，在公交车上打腹稿要注意财物安全，有的记者由于沉迷于想问题，结果给了小偷下手的机会。某都市报记者说，她在报社工作十余年，已丢失、被盗手机十余部，平均每年都会丢失一部手机，手机频繁被偷与其集中精力打腹稿有关。有的记者打腹稿会进入一种近乎忘我的境界，周边人、周边事似乎已经从眼前消失了，脑海里回放的全部是有关新闻事件的一幕幕。

其三，尝试“脱本”。坐在电脑前写新闻稿时，实习生不妨先尝试把心中的腹稿写出来，能记住多少就写多少。当遇到卡壳时，不要急于向采访本求助，不妨努力回忆采访过程，直至实在无法写下去时再看采访记录。稿件写完后，应从头到尾仔细阅读采访记录，力求做到新闻报道真实、准确、全面。

其四，认真反思。一些记者对实习生单独外出采写的稿件并不放心，往往会先询问事件的大致情况，修改稿件时会对重要细节进行一一核实。这时，实习生不仅可以了解到自己不曾注意到的角度和细节，而且可以进一步检验自己对采访事件的了解程度。实习生若不翻看采访记录而凭记忆予以回答，还可进一步锻炼自己的记忆能力。

当然，“脱本写稿”并不等于写稿时完全不要看采访本，更不等于采访可以不作记录。事实上，稿件完成后要认真对照采访本核对时间、地点、人物等重要信息。当稿件与采访本上不一致时，应以采访记录为准，若“吃不准”或“求保险”，还应致电被采访对象进一步核对，直至无疑虑后再发稿。

“脱本写稿”一般适用于突发新闻事件或新闻故事，特别是故事性较强、事情来龙去脉较清晰的事件。教育新闻中的经验类新闻报道、新闻述评等，往往需要边查阅资料和采访记录边构思写稿，就不太适宜“脱本写稿”。

跳出“校报式新闻”模式写稿

“校报式新闻”的特点是“三重三轻”：重领导、轻卖点；重形式、轻内容；重叙述，轻细节。这使真正有价值的新闻“淹没了”，而一些徒有其表的内容“登上了大雅之堂”。

翻开一些高校校报，头版内容大致是：有关领导莅临学校检查指导工作，充分肯定学校办学；校领导到院系调研，听取有关单位汇报并作讲话；某高校负责人来校访问，我校领导陪同参观；学校在某方面取得重大突破或成就，在同类高校排名领先；学校召开有关工作会议，校领导出席并作讲话；某名师受聘学校客座教授，或来校讲学；等等。这类新闻或与学校主要领导有关，或能给学校脸上贴金，或是学校发展中的重大事件，而没有任何故事和细节，姑且称之为“校报式新闻”。

高校校报作为学校党委的喉舌、思想宣传阵地、舆论引导先锋，校报上刊登这类新闻能使师生了解学校当前工作重心和学校发展状况，对建设和谐校园有一定的帮助。可以说，学校党政领导喜欢并需要“校报式新闻”，也是一件无可厚非的事情。

然而，不少学生记者和通讯员给校外媒体投稿，其稿件仍然是“校报式新闻”，似乎已经适应校报新闻写作风格而改不过来了。

“校报式新闻”之所以难以在校外媒体刊登，主要由于其写作特点与真正意义上的新闻写作要求相差甚远。“校报式新闻”主要有三个特点，体现为“三重三轻”。

其一，重领导，轻卖点。“校报式新闻”几乎是全文写领导如何如何，以领导做了什么、说了什么贯穿全文始终。有的稿件导语洋洋洒洒三四百字，全部都是参加会议或活动的领导名字和职务。这种新闻主要是写给领导看的，反映领导的活动与工作，把真正的有价值的新闻掩盖了或一笔带过，实在可惜。以某高校校长参加台湾一所高校校庆新闻为例，其正文内容是：“校长借助图文并茂的 PPT 介绍了学院的办学历史、院系设置、设备条件、人才培养、科学研究、闽台与国际合作、校风学风、发展愿景等方面的情况。校长表示，学院将继续深化闽台交流与合作，与兄弟院校携手共进，创造更加美好的明天。中午休息时间，校长就两校深化交流与合作事宜与台湾高校校长进行了商谈。在与会代表的共同见证下，双方签署了‘3＋1’人才培养合作意向书，这标志着两校业已建立的合作关系又向前迈进了一步。”报道中校长所做的事情，换作其他高校校长一样皆可做，属于家常便饭，也没什么人去关注，便不是什么新闻。然而，报道中提到的“双方签署了‘3＋1’人才培养合作意向书”，怎样合作培养“3＋1”人才，与本校师生有什么关系，这才真正是师生真正关心的内容。

其二，重形式，轻内容。以报道学者来校开讲座为例，不少校报稿件形成了一个“套路”，学生记者或通讯员只需“填鸭”。讲座类消息“套路”大致是——标题：×教授来我校讲学；导语：×月×日，×地点，×教授作了一场×讲座，以及听众情况；正文：该教授如何作开场白，如何切入讲座，讲座主要有几个方面内容，讲座如何通俗易懂、深入浅出，赢得了热烈掌声；结尾：学生们对讲座给予了很高的评价，普遍认为受益匪浅云云。除了讲座类消息有“套路”外，校园会议类、活动类、表彰类、竞赛类、调研类等活动的报道都有“套路”或“模式”，有的对这种情况叫“通稿”。

第三，重叙述，轻细节。比如，某报刊载的一篇题为《学雷锋，送温暖》的消息，其导语是：“3 月 3 日，为了大力弘扬雷锋精神，继承和发扬中华民族乐于助人的传统美德，某校组织学生来到某社会福利院，为那里的老人送温暖、送祝福、送快乐。”正文是：“在某社会福利院，学生们发扬不怕脏、不怕累的精神，热情为老人们打扫房间、清洗衣物。他们还为老人们送上了自编自演的文艺节目，有歌曲、相声、手语舞等。台上歌声、乐曲声不断，台下笑声、掌声持久，学生们的表演，给老人们带来了无尽的欢乐，有的老人伴着音乐跳起舞来，活动室内洋溢着幸福快乐的气氛。”这则两百多字的消息，全部是记者的叙述，没有一个具体的人物，也没有一个具体的细节。从稿件来看，记者没有采访任何一个人，只是作为一个没有丝毫感情的旁观者，并不太客观地写了报道。当然，这则消息的标题也不合格。

不难看出，“校报式新闻”的“三重三轻”，使真正有价值的新闻“淹没了”，而一些徒有其表的内容“登上了大雅之堂”，既浪费了宝贵的版面资源，又使新闻几乎没有多少可读性。

如何做到“去伪存真”，让真正有价值的新闻“浮上来”呢？这需要学生记者或通讯员认真琢磨：在一件看似普通的事情中，哪一点最有报道价值，哪一点读者可能会感兴趣。然后，选取最有报道价值的部分进行充分报道，而不要对这件事情面面俱到地报道。

我在读大学期间，因备考普通话考试需要，被同班同学拉去听本校一位教授关于普通话考试的辅导讲座。我原本没指望该教授讲得如何精彩，纯粹是“满听听”，但很快就发现该教授讲授的策略很实用。听着听着，我突然想到：这不就是一则好新闻吗？全省高校师范生都要参加普通话考试，关注此新闻的人应该较多，所以有新闻价值。于是，我更加认真地听这场讲座并做好笔记，当天便写了一篇《“读”普通话助闯考试关》的新闻，很快便发表在《武汉晚报》上。这篇报道就没有走“套路”，而是突出新闻内容，真正做到报道为读者服务。

再以领导调研为例，常规报道模式大致是：领导到哪里调研，实地查看了什么，听取了有关汇报，然后该领导指出了什么、强调了什么、要求了什么。这类报道一般只能发表在该领导所管辖的报纸上，否则无法见报。那领导调研活动的报道该如何打破模式写呢？如，2006 年 10 月 21 日，《中国教育报》上海记者站记者沈祖芸报道了一篇有关领导调研的稿件，标题是：《“以学生发展为本”的生动注脚——上海市教委主任暗访记》。这则新闻故事大致内容是：上海市教委主任沈晓明在调研中发现高个子学生趴在桌子上写作业，弯腰驼背的姿势几乎要把整个桌面给罩住了。而事实上，上海中小学课桌椅比较先进，学生可以根据身高调节课桌高度，但老师不让调，因为调后不整齐、不美观了。沈晓明感慨地说：“看来我们常常在发言中、在文章里说到和写到的‘以学生发展为本’这个理念并没有真正走进我们的头脑啊！你们想一想，到底是学生的健康成长重要，还是教师的视觉感受或参观者的溢美评价重要？”于是，该校和该地区立即用行动来纠错，所有学校都恢复了“调节式桌椅”的本来功能。这篇近千字的报道中没有一句反映调研形式的内容，也没有“指出”“强调”“要求”等字眼，但领导调研取得的实效不言而喻，而且领导的教育思想、个性形象跃然纸上，令人印象深刻。事实上，地方教育行政部门领导一般性的检查调研工作，对于《中国教育报》来说算不上新闻，没有新闻价值和可读性，往往无法见报。而选取领导调研中的“趣事”“要事”“奇事”来写，就成了读者爱看、领导满意的好新闻了。

当然，我们并不能全盘否定“校报式新闻”，只是在写稿时应力求体现新闻性，让读者能真正读到有价值的内容。对于已能熟练写“校报式新闻”的学生记者来说，不妨多尝试写些有价值的新闻，尽管累些苦些，但乐趣自在其中，这也是成为一名媒体记者的必经之路。

附文：

“读”普通话助闯考试关

大声朗读诗词　对着手表练习　相互监督朗读　有目的地讲

本报讯（见习记者　翁晓波　通讯员　龙超凡）目前，各高校师范生正忙着“练兵”，准备冲刺12月份举行的全国普通话测试。昨日，国家级测试员常春教授在湖大举行讲座，向同学详细介绍普通话考前准备和考试中的技巧。

技巧一：大声朗读诗词，克服怯场

常教授鼓励学生每天早晚大声朗读诗词，在人多的地方读，当着陌生人的面读，以克服怯场，扫除心理恐慌。另外，还可增强语感，树立自信心。

常教授介绍说，在实际测试中，每年都有一部分人有考试恐慌症，表现为手脚发抖、脸上冒汗，眼前“一抹黑”，看不清试卷，导致发音含糊、说话结结巴巴，这样成绩肯定不理想。“心理问题成为普通话测试的第一道坎。”

技巧二：对着手表练习，把握时间

普通话测试是在规定的时间内读规定数量的词，常教授建议最好平时对着手表练习，把握好时间，做到不急不慢，“读单音节词和读双音节词语的时限分别为3.5分钟、3分钟，最好控制在2分钟左右完成”。

技巧三：轮流朗读，相互挑“错”

“由于多年说话形成的习惯，自己往往感觉不到方言的干扰，以及一些常读错的字音，这时最好的办法就是寝室同学轮流朗读，相互挑‘错’。”常教授在谈到改正方言时说。

常教授还指出朗读指定的50篇作品，可熟练考试内容，把握语速和控制停顿时间，因此能带有感情的朗读。

技巧四：用讲故事来完成3分钟说话

常教授说，测试的最后一道题是根据题目讲3分钟的话，不能空泛泛地乱讲，否则就没话可讲，无法说3分钟的话，因此最好是讲故事。

常教授举了一个例子：如说话题目是“我的爸爸”，可以在对爸爸作简单地基本介绍后，着重讲“爸爸让我最感动的一件事”，这样就有话可讲，有话可说。

最后，常教授还提醒，考试前一段时间的刻苦训练很重要，考试成绩一般能提高2—3分，应该抓紧时间加强练习。

相关链接：

普通话水平测试是一种口语测试，全部测试内容以口头方式进行。普通话水平测试不是口才的评定，而是对应试人掌握和运用普通话所达到的规范程度的测查和评定。

经报名核准后，应试者应在规定的日期，凭本人的准考证和身份证，进入指定的考场，并按指定试卷上的内容进行测试。每个考场有2—3位测试员负责对应试者的普通话水平进行判定，总时间在15分钟左右。

首先抽签确定朗读作品和说话题目，约十分钟的准备时间，进入考场后考生先报自己的单位、姓名，然后按照四项（五项）内容先后进行测试：100个单音节字音、50个双音节词语、（判断测试）、作品朗读、说话。测试全程录音，测试完成后方可离开测试现场，一周左右可进行成绩查询，并得到相应的普通话水平等级证书。

（原载《武汉晚报》2004年12月2日）

会议新闻怎么写“出彩”

只要找出会议中真正有价值的新闻，摒弃那些读者不想看、不爱看、看了没收获的内容，写稿便是“手到擒来”“水到渠成”。

翻开一些高校校报，不难发现每期校报上无一例外地刊载有会议新闻，长则洋洋洒洒几千字，短则是一两百字的“校园短波”。这些会议新闻在校内可能关注度高，特别是一些涉及师生切身利益的会议，师生估计会去仔细阅读。然而，这类新闻若直接投给社会媒体，则难找出其“卖点”。

福建师范大学团委书记陈志勇在《引向优秀》一书中介绍了校园会议新闻稿的结构一般是：第一段，写好导语，点明与会人员、主持人；第二段，提炼领导讲话、嘉宾发言的主要内容；第三段，理清会议的程序；第四段，介绍会议举办的背景或者举办该会议的意义。对于这个总结，我深以为然，毕竟是新闻通稿，要体现出全面、准确的特点，而且稍微机灵一点的学生记者、学生干部、辅导员都可以依照此框架“画出瓢来”。这种新闻通稿领导满意，校报可登，皆大欢喜。但是，若这类新闻通稿供给社会媒体记者，则很难突出新闻点，记者仍需要费尽心思去挖掘会议的价值。

一般来说，若非涉及重要领导出席的会议新闻，社会媒体刊载会议新闻一般注重报道会议内容，而不在于会议的形式和流程，也不可能报道会议方方面面的内容。比方说，省级党报报道有关省委、省政府领导出席的会议新闻，则难免会“走套路”，稿件难免会提及谁出席会议、谁主持会议，也难免会用到“指出”“强调”“要求”等字眼。这类新闻仍有一定的“看点”，毕竟群众对领导的关注度高，何况会议往往涉及一些政策性内容。但是，若是高校举办的一般性的学术会议、交流会、座谈会，则不能仿效之，否则会淹没了真正有价值的内容。

那么，学生记者究竟该如何把校园会议新闻写成社会媒体可用的新闻呢？社会媒体记者一般又是如何采写会议新闻的呢？我认为，只要找出会议中真正有价值的内容，摒弃那些读者不想看、不爱看、看了没收获的内容，写稿便是“手到擒来”“水到渠成”。从会议可报道的内容来看，会议新闻大致可分为四类。

第一，会议所公布的内容就是新闻。有关部门召开的各种新闻发布会、新闻通气会等，其发布内容往往就是当前社会关注的热点、难点、焦点。比如，2012 年 5 月 28 日，福建省教育厅召开了有关允许外省务工人员子女在福建参加高考的新闻通气会，第二天所有参加通气会的媒体均发表了稿件。5 月 29 日，我也在《中国教育报》上刊登了一则消息《福建 2014 年允许外省农民工子女在闽高考》，其导语是：“福建省教育厅今天召开新闻通气会称，从 2014 年起，凡在福建高中有 3 年完整学习经历的外省务工人员随迁子女（即非户籍考生），可在福建就地报名参加普通高考，允许参加本科、专科层次录取，并与福建考生享受同等的录取政策。由此，福建成为全国第二个允许外省务工人员随迁子女在本省参加高考和录取工作的省份。”5 月 30 日，《中国教育报》二版头条位置刊载了我采写的新闻分析《福建出台政策允许非户籍考生从 2014 年起就地高考——保障流动人口子女入学公平》，进一步对该新闻进行深度解读，直接解答了读者关注的“为何允许非户籍考生就地高考”“对本省考生有何影响”等问题。

第二，会议中的某一个议题就是新闻。有时，一些大型会议含有许多小型会议，甚至一个小型会议也有多个议题，而其中大部分议题是常规活动，充斥着空话、套话，没有什么价值，只有某一两个议题可能是新闻点。当然，这并不是说新闻就摆在那儿了，只需要去“拣”就行了，而是需要记者具备一定的新闻敏感性，及时捕捉住可能是稍纵即逝的新闻亮点，并围绕该亮点深入挖掘下去。比如，2009 年 5 月，我到厦门参加海峡两岸高校校长研讨会，该会议有多个议题，其中有人谈到两岸高校学分学历未互认而带来一些问题。对此，一些校长立即呼应，有反映困难的，有强烈呼吁的，甚至有发牢骚的。我立即意识到这是一个关注度挺高的新闻话题，便仔细听代表们的发言并做好记录，茶歇期间我就抓住机会补充采访，就两岸高校学分学历互认进行深度报道。如今，两岸学历互认大有进展，在某种程度上也说明了该报道所反映的问题有一定的前瞻性，对两岸学历互认工作有一定的推动作用。

第三，会议上敏感地嗅到的跟会议只有一点关联的新闻。有一种情况，记者去参加会议，却发现会议内容很普通，没有亮点，几乎没有见报希望，便只得抓破脑袋“另辟蹊径”。有一次，报社通知我参加在福州举办的“某智能平台 2010 年度大学合作计划高峰论坛”，去后发现内容基本上是主办方介绍“某智能平台”。当时，我也很苦恼：这种产品宣传色彩浓厚的会议，该如何报道呢？茶歇时，我遇到了福建工程学院党委宣传部部长许丽萍女士，便坐下来交流。交谈中，她谈及一般本科高校经费有限，每年投入建设实验室的经费更是有限，一所本科高校一年新建一个工科实验室都比较困难，若企业向学校提供其自主研发的设备，则可“花小钱办大事”，实现校企合作共赢。我当即就校企共建实验室互利双赢的话题进行了采写报道。后来见报的主标题是“地方高校‘借鸡生蛋’上水平”，副标题是“与著名企业共建实验室不出校门学技术”。应该说，这种报道对一些地方高校建设实验室有一定的启发。

第四，会议的花边新闻。有时，一些记者除了报道会议内容外，还会单独报道会议以外的新闻，它有点像“花边新闻”。比如，每年全国“两会”期间，有的媒体摄影记者便会关注少数民族代表的服饰；有的媒体记者会关注代表身上的名牌，诸如套装、名包、名表、皮带；有的媒体记者会关注代表的交通工具、饮食；等等。

近年来，一些媒体对与会者替会、迟到、打瞌睡和玩游戏等现象报道较多。这种报道往往让人眼前一亮，在网络上更是传播迅速，网友对此褒贬不一。2010 年 3 月 5 日，《合肥晚报》便刊载了一则题为《副市长会场狠批“迟到者”》的消息。其导语是：“一次会议因副市长当场对与会迟到者的‘狠批’而显得气氛凝重。昨天下午，在第四届全国体育大会食品采购与食品安全协调会上，一向给人以温和印象的合肥市副市长杨增权的这次‘发火’，让所有与会者心头一震。”其第二段内容是：“会议开始后 10 分钟左右，杨增权忽然打断卫生局负责人正在进行的汇报，并当场质问刚进入会场的市公安局参会代表为何迟到。当听到车在路上出毛病的解释后，杨增权并不满意，当场严厉批评：‘事关全国四体会这么重要的会议，所有参会单位，就你们一家迟到，市委市政府早就下文对工作会议有严格要求，要都是像你们这样的作风，怎能对四体会做到有力保障?’杨增权还当场要求，会后该单位需作深刻检讨。”这则消息与会议本身的内容关系并不大，但可读性和冲击力却远非报道会议内容本身可比。

当然，各类会议新闻写法众多，也不可能一一列举。只有做到“因会制宜”，真正站在报社的定位、读者的角度去思考读者关注的话题和内容，便不难挖掘出会议中有价值的新闻。

附文1:

福建出台政策允许非户籍考生从2014年起就地高考——

保障流动人口子女入学公平

本报记者　龙超凡

福建省教育厅5月28日宣布，从2014年起，凡在福建省内高中有3年完整学习经历的外省务工人员随迁子女（即非户籍考生），可在福建就地报名参加普通高考，并与福建考生享受同等的录取政策。该政策是在什么背景下出台的，非户籍考生能否接受优质的高中教育，对本省考生有何影响?

为何允许非户籍考生就地高考

近年来，福建省委、省政府高度重视进城务工人员随迁子女在闽接受教育的问题，在全国率先向农民工子女就读公办学校敞开了大门。2006年，该省便要求各地教育部门按照免试就近入学的原则，安排农民工子女就读公办学校，并按照当地政府规定的项目和标准收费，不得加收借读费及其他费用。

此后，进城务工人员随迁子女在闽接受义务教育人数日益增多，目前仅外省务工人员随迁子女就有41.9万人，其中小学有33.7万人、初中有8.2万人。然而，由于不能在福建参加高考，大多数随迁子女回原籍就读高中，在福建普通高中就读的外省随迁子女比较少。

这几年，福建省企业频现“用工荒”，据省劳动就业中心保守估算，全省规模以上企业年均缺工人数超过20万人。有关调查显示，外省务工人员随迁子女不能就地参加高考也是造成“用工荒”的原因之一。“允许随迁子女在闽高考，解决外省务工人员的后顾之忧，必将有利于吸引更多的外省务工人员特别是技术型劳动者安心在闽工作。”福建省教育考试院有关人士表示。

从今年开始，福建就明确提出允许在中职学校就读的外省务工人员随迁子女报考“高职单招”，以及参加中职学校免试推荐优秀应届毕业生入读高职院校。这样一来，福建研究制定外省务工人员随迁子女就地高考的政策呼之欲出，水到渠成。

所有高中都将对随迁子女开放

从2008年起，福建各地便已将外省务工人员随迁子女的义务教育工作纳入当地教育发展规划，对接收进城务工人员随迁子女的公办学校足额拨付教育经费。2008年至2011年，福建省级安排专项经费对接收流动人口子女任务重、且问题解决较好的县（市、区）给予奖励，2008年补助0.4亿元、2009年补助1.1亿元、2010年补助2.5亿元、2011年补助2.6亿元，使流动人口子女受教育的环境得到明显改善。目前，全省90％务工人员随迁子女在公办学校就读。

福建各地教育部门还积极创造条件，使具有流入地初中学籍的随迁子女也能与当地学生一样报名参加中考，在流入地继续接受高中阶段教育。在普通高中教育方面，外来务工人员相对集中的泉州、厦门、福州的一般普通高中学校已全部对随迁子女开放，泉州所有一级达标校已对随迁子女开放，厦门、福州有部分一级达标校招收随迁子女就读。在中职教育方面，对随迁子女享有的入学、以及一年级和二、三年级涉农专业免学费政策和家庭经济困难学生资助政策已实现和当地户籍学生一视同仁。

“福建将按照一视同仁的要求出台有关政策，使全省各地高中学校都对外省务工人员随迁子女开放，并保障他们平等地接受优质高中阶段教育。”福建教育厅新闻发言人刘剑津说。

对福建本地考生升学影响不大

由于厦门、泉州、福州一级达标校已对随迁子女开放，而外省务工人员随迁子女主要集中在厦门、泉州、福州等地，故该政策实施后对优质高中资源的冲击不会太大。“下阶段，福建省教育厅将要求外省务工人员随迁子女较为集中的市（县、区）加强初、高中学校特别是优质高中资源的规划和建设，扩大优质高中资源，并积极做好接收外省务工人员随迁子女在闽就读中学的工作。”福建省教育厅有关负责人说。

根据第六次全国人口普查结果，“十二五”期间福建高中阶段教育适龄人口年均减少将超过 10 万人，普通高考生源预计将减少 5 万人。据介绍，由于福建省高考报名人数已经开始逐年递减，而高招录取率正在逐年递增，且部分院校每年都会在闽追加招生计划，截至去年福建高招录取率已达到较高水平。

福建省教育厅有关负责人表示，2014 年允许外省务工人员随迁子女在福建就地报名参加普通高考，可在一定程度上缓解高校生源紧张情况，而对福建高考生的升学影响不大，广大考生和家长不必担心。

（原载《中国教育报》2012 年 5 月 30 日）

附文 2：

尽管大陆和台湾高校尚未实现学历互认，但双方交流合作已相当普遍——

两岸学历互认好事还要磨多久

本报记者　龙超凡

由于两岸学历至今尚未互认，不少台湾学生不能到大陆攻读学位，而大陆学生也无法取得台湾高校的学历和证照。然而，两岸高校学子和教师的交流合作并未停步，反而呈现出如火如荼之势。

在日前举行的海峡两岸高校校长研讨会上，两岸学历互认成为讨论的焦点。不少大学校长表示，大陆和台湾高校有资源互补的需求，两岸高校交流已初步取得互利双赢的成效，学历互认应是发展的必然趋势。

两岸高校呼吁推进学历互认

本次研讨会的主题是“加强两岸高校交流共创教育双赢”，但话题很快转移到两岸高校学历互认的探讨上。与会人士呼吁推进两岸学分互认、学历互认，并呼吁两岸高校积极行动起来，加强合作交流。

天津大学校长龚克表示，学校已与台湾部分高校有交流，但仅停留在研究生层面，本科生未能交流，因为两岸本科学历未得到互认。龚克说，两岸高校交流是相得益彰的，要共同促进学历互认。

台湾养和技术学院校长刘星达说，从职业院校学生方面来看，不少学生愿意交流。台湾学生到大陆学习并无阻碍，但大陆学生到台湾学习却有客观困难，如到台湾企业单位实习就有难度。另外，台湾学生在本地可以“一证多照”，但大陆学生在台湾却不能考照和拿证。

频繁交往化解学历互认坚冰

两岸学历未互认并没有阻挡两岸高校之间的交流，两岸高校纷纷以各种形式开展合作。

中国农业大学党委书记瞿振元表示，学校已与台湾一些高校互派交换生，具体做法是“学费互免、学分互认、路费自理”，但交流生的人数非常少。

台湾科技大学副校长彭云宏认为，学分互认是可操作、可行的，不能互认是高校和社会的误解。他举例说，学校曾经与武汉理工大学共同举办了一次夏令营，聘请武汉理工大学的教师担任夏令营兼职教师，实现了学生学分互认。

福建中医学院正在着力推动在校学生赴台访学，并准备扩大对台招生规模。该校设立了“在校生海（境）外学习奖学金”，正式启动在校学生海（境）外学习经历项目，外派交流学习以台湾地区为主，国外为辅。今年秋季，该校首批40余名本科学生将分赴台湾5所高校学习。学校计划在几年内使有海（境）外学习经历的学生达到年招生数的10%。

记者了解到，福建省于2008年下发了《关于实施闽台教育交流与合作工程的意见》。《意见》提出，全面扩大本科院校、高职院校和中等职业学校招收台湾学生的范围，增加各院校招收台湾学生的学科和专业。全省院校将通过对台单独招生、统一命题、统一考试等方式吸引更多的台湾学生来闽就读。不少人士表示，福建有望成为两岸学历互认的先行区。

事实上，一些高校已将大陆承认台湾高校学历落到了实处，积极聘请台湾高校毕业生来校任教。华南理工大学校长李元元介绍说，学校已聘任了多名台湾高校毕业的博士生来校任教，在职称评聘上与大陆高校毕业生一视同仁。目前，已有几名台湾高校毕业生在华南理工大学评上了教授或副教授职称。

两岸学历互认有望尽快实现

据了解，早在2006年，大陆就开始承认台湾高校学历，此举在两岸高校间反响巨大。

台湾大学校长李嗣涔表示，两岸教育交流已经从个人的小规模发展到现在多渠道的大规模态势。今年年底台湾可能会承认大陆学分，明年可能会承认大陆学历。一旦学历互认，两岸青年学生的交流将更加活跃。

台湾“中国文化大学”校长李天任表示，根据目前获得的信息，明年2月，台湾将首先招收内地硕士生和博士生，明年8月则招收大陆高中毕业生赴台读本科。李天任说，台湾招收大陆研究生将由台湾大学等公立学校进行规划，本科生则由私立高校规划，技职院校则由技专院校规划。

福建师范大学副校长李敏表示，尽管台湾未承认大陆学历，但不少台湾学生愿意到大陆高校读书。目前，该校海外学院已招收了大量的台湾学生，他们拿到本科学历后直接在大陆就业。

不少与会校长在接受采访时表示，两岸高校交流与合作的前景光明，随着两岸高校的频繁交往和深入交流，双方资源互补的需求越发凸显，学历互认有望尽快实现。

（原载《中国教育报》2009年5月26日）

同一题材的不同写法

写稿时不仅可以“一事几稿”，分别投给不同媒体，而且可以在他人已见报的短小新闻报道的基础上，“挖”出不同角度、深度的新闻。

对于同一新闻事件，各家报纸由于自身定位、风格、读者不同等原因，其报道的角度往往不太一样。另外，各家报纸的记者也往往因自身专业、经验阅历、素质水平等不一样，对同一题材的报道角度、素材选取也常常不一样。

这样便有了一个命题：在校通讯员或学生记者可否将同一题材写成不同角度的多篇新闻稿，然后发给几家媒体的记者呢？我认为此举可以，因为这不是“一稿多投”，而是“一稿一投”。同时，将同一题材写成多篇新闻，对通讯员来说是一种新闻采写实力的考验和检验，更是自己对各家媒体定位与风格理解的一种“印证”。

我结合自己当通讯员时的经历与体会，试举几例。

2004 年，湖北大学某寝室 7 名电子科学与技术专业女生，全部考上或保送硕士研究生。对于此事，我在《楚天都市报》上见报的主标题：同寝室七朵金花全上研究生；副标题：此事如今不新鲜；导语：“湖北大学同一寝室的电子科学与技术专业 7 名女生，全部考上或保送硕士研究生。这样的美事，若发生在前几年定会轰动校园，而今却不算稀罕了。”随后，我在《楚天金报》“冰点焦点”栏目（版）对此事进行了深度报道，半版篇幅。其标题是：“七朵金花”考研的故事。开头是：“6 月，湖北大学二个寝室共 13 名女生全部考上或保送硕士研究生；寝室环境对考研有哪些影响呢？本报记者对当事人进行了采访，发现……”这则深度报道的四个二级标题分别是：一寝室全部考上研究生、考研资料共享、互帮互助的“寝室文化”、高校“好一窝”现象值得关注。此事，我在《武汉晚报》上发表的文章题为：探寻“七朵金花”考研秘笈。

对于湖北大学同一寝室7名女生全部考上研究生一事，我先后在3家媒体上发表了3篇报道，新闻角度均不一样，相互之间并未雷同或“打架”。《楚天都市报》的消息主要讲述同寝室“七朵金花”考上研究生一事现今已不是新鲜事；《楚天金报》侧重于分析为何会出现“好一窝”现象，重点探讨高校“寝室文化”对大学生考研的影响；《武汉晚报》则从她们考研的方式方法入手，揭示她们一起考研成功的奥秘。

可见，同样一个新闻题材往往有不同的新闻角度，各媒体的需求往往也不一样。这告诉我们，写稿时不仅可以“一事几稿”，分别投给不同媒体，而且可以在他人已见报的短小新闻报道的基础上，“挖”出不同角度、深度的新闻。

“一事几稿”一般可以从以下角度去思考并撰稿：第一，可分别写成纯消息、深度报道，或者其他新闻类型。纯消息就是就事论事，把“发生了什么事情”报道清楚即可；深度报道则要挖掘事件背后潜在的新闻，要能给读者一定的启示。第二，可从正面报道的角度出发，肯定事件中的长处或进步；也可从“找问题”入手，分析事件中的不足或需要改进的地方。

学生记者要学习写作“一事几稿”，不妨多看看同一事件不同媒体刊登的报道，分析孰优孰劣，博采众长。一般来说，有关新闻发布会、高校邀请多家媒体前来采访的重要活动、或社会重要事件，有关媒体均会在第二天或隔几天做出反映，因此学生记者不难收集到“一事几稿”的报道内容。

值得一提的是，学生记者中存在这样一种现象：同一个学生创业人物或校园故事，先在地方媒体刊登后，再稍作修改或扩充部分内容就投给中央媒体，其内容大同小异，稿件主题基本一样；反之，有的在中央媒体刊登后，再润色加工发给地方媒体。此外，学生记者或许是由于“见报心切”，在投稿时并未注明此稿已经在某媒体发表，导致记者以为是“首发”“独家”。

我不赞同这种行为，主要理由有两点：第一，对已经见报的稿件稍作修改或更换一些素材，仍属于“换汤不换药”，它不是“一事几稿”而是“一稿多投”，对记者和报社来说都是“吃剩饭”。第二，学生记者的这种做法有“瞒天过海”之嫌疑。有的记者在用稿前在网络上一搜索，结果发现别的媒体已经刊登了，涵养再高也难免有些内心不爽，特别是对于自己比较信任的学生记者。

从学生记者角度来看，见报稿再修改投稿，无非是在重复做同样一件事情，无非是见报稿数量多了些，对其能力的提高并不见得有多大好处。与其浪费时间，不如再去寻找新线索，投入新“战斗”。

附文1：

同寝室七朵金花全上研究生
此事如今不新鲜

本报讯（记者陈俊旺　实习生　龙超凡）湖北大学同一个寝室的电子科学与技术专业7名女生，全部考上或保送硕士研究生。这样的美事，若发生在前几年定会轰动校园，而今却不算稀罕了。

据介绍，湖大这个寝室的肖莉红考上上海同济大学，胡军民考上北京航空航天大学，罗惠英考上天津工业大学，杨丽等四人则考上或被保送在本校读研。巧的是，与这个寝室仅一墙之隔的另一个女生寝室，住着的6名物理学专业学生今年也全部考上研究生。

同一寝室学生互帮互学、一起考研现象，在武汉地区其他名校中也较普遍，记者从中国地质大学了解到，该校一个国家基地班全班27人，有24人考研成功或被保研，班长刘锐说，有3个寝室学生全部考上研究生。

对于这一喜人现象，省研究生教育学会会长、中国地质大学研究生院院长姚书振教授认为，除了寝室学风浓厚的内因外，研究生扩招也为学生提供了深造机会。据称，今年全国研究生招生人数达到33万，比去年增长了22％。我省今年的本科毕业生共有8.7万人，学生踊跃考研缓解了就业压力，也为国家发展储备了研究型人才。

（原载《楚天都市报》2004年4月29日）

附文 2：

“七朵金花”考研的故事

提要：

6 月，湖北大学二个寝室共 13 名女生全部考上或保送硕士研究生；寝室环境对考研有哪些影响呢？本报记者对当事人进行了采访，发现——

同一寝室全部考上研究生

当不少大学应届毕业生还在为工作发愁时，湖北大学电子科学与技术专业一女生寝室里传出喜讯，7 姐妹全部考上或保送硕士研究生——肖莉红考上上海同济大学，胡军民考上北京航空航天大学，罗惠英考上天津工业大学，杨丽等四人则考上或被保送在本校读研。巧的是，与这个寝室仅一墙之隔的另一个女生寝室，住着的 6 名物理学专业学生今年也全部考上研究生。

近日，记者见到了 7 姐妹中的 6 位，都是农家女孩，朴素的衣着，一脸的真诚。

很多人说到考研，都认为很难熬，肖莉红一脸的不以为然，她说，我们并不是死学，像别人所说的起早贪黑，恰恰相反，我们一般早上 8 时多才去自习，中午吃饭后在教室休息，晚上 10 时左右回到寝室。我们在吃饭时从不谈学习上的事情，而是聊天、闲侃。寝室里我们也是有说有笑，有打有闹，从来不会感到压抑。

“每天晚上 10：30 我们就躺在床上开一个小时的卧谈会，主要是交流一下当天学习的心得，以及还没有掌握的东西，常常对一件事情或一道题目争论不休，各抒己见，累了就睡觉。”罗惠英补充说。

考研资料“共享”

胡军民寝室的 7 个人全部来自农村，微薄的家庭收入使她们不可能奢侈到全上考研辅导班，最后肖莉红想出了一个办法，轮流上各种培训班，回学校后就资源共享。于是，肖莉红参加了文都的暑期培训班，胡军民参加了冲刺班，胡俊和徐丽则参加了点题辅导班，罗惠英北京的同学也给她邮寄了大堆的辅导书。

“在培训班听老师讲课时，格外地认真，笔记总是一丝不苟，因为回来后还要跟寝室的同学讲。”肖莉红严肃地说。“我们有好的资料、学习方法都拿出来供大家参考，从没有考虑其他人是否会超过自己。有时我们彼此会主动帮对方打开水，甚至洗衣服。”胡军民说。

互帮互助的“寝室文化”

7个人的性格各不相同，矛盾和争吵总是难免的。罗惠英目标是北京大学。她渐渐感到复习很吃力，再加上家里打电话明确要求她不要考研，她感到很压抑，心情一度很郁闷。

这些都没有瞒过寝室里6双关心她的眼睛，最后决定让性格直爽的肖莉红充当黑脸，由和风细雨般的杨丽扮演白脸，在“责骂”与爱抚的交织下，罗惠英终于清醒过来，调整心态、降低目标，最终考上天津工业大学。

还有一次，肖莉红参加培训的笔记被别的寝室的人借走了，结果被徐丽误会了，以为肖莉红自私。徐丽自言自语的想法被寝室知道实情的同学听到后，立即被驳斥得体无完肤。“但我们的争吵绝对不会超过5分钟，总是在一方道歉、一方表示谅解的情况下结束。每次的争吵都会让我们的关系更加亲密，因为我们都坦诚相待。”徐丽向记者解释说。

“女孩子最怕沉闷，心情不好时，想不开的时候，故意激一下，吵一下，把问题说明了，即使当时有点不舒服，事后也会感激你的。”肖莉红郑重地说。

肖莉红介绍，室友们每天最开心的事就是“扁人”。一人故意提出最偏激的观点，大家一顿“狂扁”，在批驳与争论中，说服了对方也说服了自己，学到的东西最深刻。

高校“好一窝”现象值得关注

去年此时，武汉科技大学城建学院9栋601寝室建筑设备系的“六朵金花”同时考上了研究生。她们中的两名被本校录取，两名被湖南大学录取，另外两名则分别被重庆大学和北京建筑工程学院录取。

回首考研路，田晓芳激动地告诉记者：成功得益于良好的寝室氛围。据田晓芳介绍，六姐妹同在一个系，同在一个寝室，彼此影响下，大三下学期时就相继确立了考研目标。同时，她们共同收集考研信息，真正实现了资源共享。

备考的日子里，小田也产生过动摇的念头。这时候，寝室的另外几个人都会安慰她，鼓励她，使她坚定下来。所以，她们始终处在一种轻松愉悦的心境下备考。

“好一窝”的现象在高校日见其多。记者从中国地质大学了解到，该校一个国家基地班全班27人，有24人考研或被保送读研，班长刘锐创介绍，地大有3个寝室的学生全部考上研究生。

此前，本报曾经报道过华中师范大学、华中农业大学等高校女生寝室的学生全部考上研究生的新闻。

“好一窝”寝室是与同化心理密不可分的。据肖莉红同学分析，同一寝室都能考上研究生，是与寝室的成员之间互相帮助、寝室积极向上的氛围与和谐的人际关系分不开的。（雷宇 龙超凡）

（原载《楚天金报》2004年6月21日，
《杭州日报》于6月22日全文转载）

好故事源于深入采访

若满足于被采访对象提供的材料，则故事的生动性会大打折扣。要挖掘好故事必定要求采访深入、再深入。

有学生记者问：在采访中怎样挖出对写稿有用的故事？

从某种意义上说，新闻就是讲故事。比如，一篇优秀的人物报道，能在读者脑海中留下深刻印象的往往是能打动人心的故事，而不是记者的描述和概括。不论是消息还是通讯，有意思的故事往往使报道的生动性、可读性大大增强，成为吸引读者、抓住读者的有力武器。

怎样挖出对写稿有用的故事？对于事件性社会新闻而言，事件本身就是一个故事，弄清楚事件的来龙去脉及隐藏在背后的事情，即是一个不错的故事。如，我当实习生时曾写的《桂东梅义退“钱肚子”》，讲述的便是一个真实的故事：武汉市青山区居民桂东梅到菜市场买菜，花 19 元买了一只 0.95 公斤的猪肚子。做饭时，桂东梅发现，装菜的黑色塑料袋子里没有猪肚子，而是一只鼓鼓的腰包，里面装的都是钱！桂东梅估计是卖肉者错把腰包当作猪肚子了，便赶回菜市场，把腰包退还给了卖肉者。类似的新鲜事，便是一个好故事，恰似给读者送上的一杯可乐。

对于人物报道，要挖掘出好故事，则要沉下心去，深入采访，抓住有趣、感人的细节刨根问底。如，2011 年我到三明学院去采访全国道德模范、该校英语系学生曹飞宇。要体现其如何孝老爱亲，空洞的叙述肯定乏力，必须借助一个个生动的事例。在其事迹材料中，已有一些新闻故事，但仍不够。在采访中，他讲述父亲生病，他在厦门的医院里日夜照护的事情。我引导其尽量说得详细、具体，试图还原整个过程。在我的引导下，他讲述父亲脖子上开刀插上了管子，为防止其无意识拔掉管子，医生便用束缚带将父亲的双手绑在床上。在一旁照料的他见父亲双手难受，便解下绑在一只手上的束缚带，将其握在手中，自己则倚靠在床头打瞌睡。一会儿后，他又给父亲换上另一只手，如此反复……这个故事具体而生动，似一幅画面呈现在读者面前，“孝老爱亲”的形象跃然纸上。这个故事，便是其材料中所没有的，而是采访中“聊”出来的。

至于其他类型的报道，如何挖出好故事在此不再阐述。应该说，不论何种报道，要挖掘好故事必定要求采访深入、再深入，须知好景往往在人迹罕见处。若满足于被采访单位或个人提供的材料，则故事的生动性会大打折扣，若采访不够深入，或采访浅尝辄止，肯定钓不到“鲜鱼”“活鱼”。

附文：

猪肚子变成装钱的腰包

——桂冬梅义退“钱肚子”

本报讯（记者　向勇　实习生　龙超凡）因为要招待客人，昨日上午，家住青山区白玉山的桂冬梅到附近的菜市场，花 19 元钱买回一只 0.95 公斤的猪肚子。

中午，桂冬梅见丈夫孙光友先吃完饭，便让他把猪肚子洗好。孙光友打开黑色塑料袋，惊出声来：“哪有猪肚子？明明是个钱肚子。”

桂冬梅跑进厨房，果然是一个黑色腰包，胀鼓鼓的，打开一看，里面都是钱。“肯定是卖肉的搞错了。过年过节的，出了事情不好，我们得赶快回去换给他。”她说。女儿和丈夫都赞成。于是，桂冬梅放下手中的碗筷，与丈夫一起冒着寒风小雨，赶到菜市场。

卖肉的刘老板正急得不知如何是好。原来，他老伴周婆婆习惯将腰包装在黑色的塑料袋里，在猪肚子卖出约 10 分钟后，周婆婆突然发现，猪肚子还在肉案上，“钱肚子”却不见了。

“糟了，搞错了。”刘老板赶紧追出菜市场，但没有追上。实际上，他根本就不认识买猪肚的人。“肯定找不回了。包里共有 2600 多元钱啊。”周婆婆回到家中，倒在床上号啕大哭。

正在绝望时，“钱肚子”却送回来了。刘老板喜出望外，抓起一大块猪肝，塞给桂冬梅。周婆婆得到消息后，又买了两瓶酒，和女儿找到桂冬梅家，上门致谢。

（原载《楚天都市报》2005 年 2 月 18 日）

报道内容要立足读者需求

面对采访对象的“希冀”“愿景”，是否予以支持，应立足读者的需求，考虑新闻价值大小，作出理性判断。

有学生记者问：被采访对象提出想要报道哪些方面，但是我们也许不需要报道，或者是无法见报，怎么办？

这种情况是客观存在的。一般来说，记者采访的线索来源主要有三个方面：线人（新闻线索提供者）提供或自己发现，上级主管部门或有关领导提示，有关单位或个人主动联系新闻记者。采访中，被采访对象表示希望报道的内容，若与记者的采访思路吻合，且的确有较大的新闻价值，则可把报道内容与对方意愿有机结合。如，我曾到福建医科大学采访社会工作者专业人才培养情况，该校有关负责人在采访中表示，社工人才是社会急需的，学校在人才培养方面下了苦功，却苦于当前社会上各种招聘没有招该专业的，造成人力资源浪费。他们建议我在报道中写明此情况，并大力呼吁。这与我的采访初衷完全一致，我便欣然答应了并发表了新闻分析《是学生不喜欢，还是社会不需要?》。若学校希望我报道“该校如何培养社工人才”，那么就很难见报。因为人才培养质量由用人单位检验，而该校社工人才大部分不能从事社工工作，这样报道就没有说服力，没有可信度。

若被采访对象希望报道的内容，完全是出于自身利益的需要，其本身并无新闻价值，读者也并不感兴趣，则没必要配合对方。此时，学生记者不妨委婉地告诉对方：这个事件较为普遍，估计读者不太感兴趣，即便写出来也难以刊登。如，一些学生社团开展的常规活动，诸如知识竞赛、演讲比赛、学者讲座、清理“牛皮癣”等，由于各高校众社团都在做，且无“卖点”，难以在校外媒体刊载。

总之，学生记者面对采访对象的“希冀”“愿景”，是否予以支持，应立足读者的需求，考虑新闻价值大小，作出理性判断。

若事件本身并无新闻价值，且没有找到足以吸引眼球的“卖点”，学生记者硬是“不信邪”，而写成新闻稿，则要么是平淡无奇的垃圾稿，要么是阿谀奉承的马屁稿，令人笑话。

附文：

福建医科大学49名社工专业毕业生无一人从事社工工作——

是学生不喜欢，还是社会不需要？

本报记者　龙超凡　通讯员　杨新勇

日前，记者在福建医科大学采访时发现了一个现象：除考上研究生的学生外，该校2006届社工专业49名毕业生已全部就业，但没有一名毕业生从事社工工作。而2007届已签约的毕业生中，目前也没人当社工。

大学生从事所学专业方面的工作，做起来既顺手又顺心。那么，他们为何不干“老本行”呢？记者近日开展了深入的调查。

“当社工很累，但是很有意义”

福建医大2003级社工专业的学生王琳，曾在社区做过青少年事务社工，王琳说，在社工岗位上，可运用专业知识帮助一个个缺乏沟通的家庭，“自己同时也被一个个家庭的故事感动着，并收获着快乐”。

2003级社工专业学生曾艳帮扶的青少年中，有个女孩晓丽（化名）有网瘾，曾艳几次上门与其谈心、聊天，效果甚微。有一天，曾艳获悉晓丽病了在家，便冒雨赶到晓丽家中。曾艳来到晓丽的床边问其病况，晓丽用枕头遮盖着脸，并不吭声。过了一会儿，晓丽“呜呜”地哭了：“我对不起你，我没按你的要求做，我实在是控制不住网瘾……”这以后，晓丽整个人都变了，很少去上网，学习进步很快。

“做社工后，我发现一件小事很可能会影响一个人的一生。”曾艳说，“我们专业很多人喜欢当社工。”

岗位太少，就业机制不配套

大学生喜欢干社工，却为何不在这个岗位上就业呢？

今年就业时，王琳为找份社工的职业费尽心思，但最终还是没能如愿。王琳说，她利用各种渠道搜索就业信息，结果只发现两个单位招收社工人才。第一家是福建省某市预防办，招兼职社工，每月工资400元，工资太低所以没去。第二家是深圳某区面向全国招100名社工，待遇不错，但离家太远也没去。

“招社工的用人单位太少了！”王琳说。目前，王琳已被福建某大型医院行政岗位录用。“如果有机会，我还想转做医院的医疗社工。”

事实上，许多社工毕业生都有类似的经历。福建医科大学副校长黄子杰坦言，现在社工岗位太少，就业机制也不配套，这些都导致了社工人才的流失。如福州某监狱招聘一名专业社工，招聘条件却面向所有专业，且考试题目与公务员相同。如此一来，社工的行业特殊性没有体现出来，因此往往被中文等专业毕业生抢占了岗位。

社工行业离“走俏”还有多远？

社会提供的社工岗位极少，是否意味着社会不需要社工人才？“社会不仅需要社工人才，而且需要大批人才来从事社工行业。”黄子杰表示。

有关资料也显示，我国社工的主要服务群体非常庞大：有生活困难需要救助的城乡绝对贫困和低收入人口7600多万、残疾人口8000多万、孤儿57.3万、老年人口1.43亿等。

福建医大党委副书记陈永正说，十六届六中全会《决定》对我国社会工作的重要性和紧迫性进行了总结，并明确提出了“要建设宏大的社会工作人才队伍”，这表明社工人才需求将会“热”起来，会成为服务社会的又一大行业。

陈永正说，学校正在积极应对社会对社工人才的理解偏差，一方面利用医学的资源优势加强社工学生的综合能力培养，另一方面大力拓展社工服务基地，希望通过服务社会来赢得人们对社会工作专业的理解、支持和热爱。

（原载《中国教育报》2007年6月14日）

采访“极端人物”应换位思考

不论面对哪类采访对象，采访前一定要做足功课，找准突破口，顺势引导，随机应变。

在采访中，记者和学生记者有时会遇到两种“极端人物”：一者，太善于表达，讲话滔滔不绝，但没有重点；二者，太不善于表达，问一句答一句，似挤牙膏一样，讲话没有感情色彩，且讲的内容往往不是记者想要的。如何完成对他们的采访呢？

且先分析两种“极端人物”产生的原因。“善于表达”者，其原因可能有两点：其一，是性格使然，说话做事干脆利落，讲话似打机关枪，他人难以插上嘴；其二，难得接受记者采访，比较珍惜采访机会，便想把所做的点滴工作全部和盘托出；其三，可能是因亲历事件而过于激动，尚未从事件中平静下来，急切地想把知道的一切如竹筒倒豆子般讲述给记者听。如，某高速公路上多辆汽车发生严重连环相撞事故，路过的目击者完整地目睹了整个事件，心情十分激动，讲述起事件经过难免就会连比带划，主次不清，语速较快。

“不善于表达”者，其原因大致有四点：其一，语言表达能力较弱，加之见到记者较为紧张，半天吐不出几句话；其二，被采访对象觉得自己所做的工作很平常，不值得去报道，即“大家都是这么做的”，也不知道记者究竟想知道什么；其三，对方身份和工作比较普通，讲不出语惊四座的高论，也没有惊天动地的伟绩；其四，对方不想说，不愿说，于是三缄其口。比如，一些记者去四川汶川地震灾区采访幸存者，就经常碰壁，因为对方选择了沉默寡言，不愿去回忆那不堪回首的一幕幕。

弄清了两种“极端人物”的特点后，采访时便可对症下药。对于善于表达者，实习生或学生记者可不时提醒：“麻烦您讲慢一点，这样我好记下来。”“前面几句话，麻烦您再讲一遍。”一般来说，当记者几次提出希望对方讲慢一点后，对方也会意识到语速过快，会自觉配合采访。当对方的讲话跑题时，学生记者可见缝插针地打断，再次抛出自己想知道的问题让对方回答。一般来说，记者只要顺势引导，耐心倾听，不难发现被采访对象谈话中含有有价值的素材。

当然，若对方语速难以降速，则不妨求助录音笔。

对于不善于表达者，则要具体情况具体分析。若是采访其事迹，学生记者不妨先“观其行”，即抽出一两天时间跟随其一起工作、生活，看其做了什么，怎样做，通过其所作所为了解其内心世界。事实上，当记者跟随采访对象一起劳动，一起工作，共同语言便在不知不觉中产生了。一旦话匣子打开，对方便会把自己的内心世界一一展露在记者面前。若是采访对象“受外界刺激”而不愿讲，记者则需寻找突破口，最好的办法是换位思考，从感情上拉近与对方的距离。

2005 年，人民日报社记者采访四川大凉山马班邮路上的邮递员王顺友，便是一次与不善于表达者的“过招”。据有关资料显示，为了采访到王顺友身上不为人知的新闻点，人民日报社记者在新闻采访团大队人马打道回府后，独自留下来和采访对象走了一趟大凉山上的邮路，体会了这一工作中常人无法想象的艰辛与寂寞，并与被采访对象同居一室，促膝而谈，硬是借助自己带来的白酒，加上自己的真诚和执著，“撬开”了这位不善言辞汉子的嘴，挖出了更鲜活的第一手素材。主人公朴实的话语，构成了文章的主体。而且，被采访对象在邮路上顺口哼出的山歌，也被其巧妙运用，化为了文章的导语以及每段的引语。这既是该记者强烈的新闻责任感与使命感的体现，也是采访不善于表达者的重要技巧。

2009 年，我同一个新闻采访团一起去漳州市龙文区采访单腿教师阮文发，他在海岛上工作了近 30 年，每天往返学校至少要跳跃过 120 级台阶。面对众多报社、电视台记者，阮文发老师似乎没有多少心理准备，有些不善言谈，似乎有些紧张也有些发懵。由于事先读过他的事迹，我便在采访中不时让其回忆一些经典的经历，讲出现场感，这样人物的语言能更生动，人物形象更丰满。不过，阮文发老师讲来讲去还是一些很朴素的语言，新故事比较少，但我还是沉下心来聆听，因为他偶尔也会说出一些发自内心的话语：“我没有拐杖胜过有拐杖，因为学生就是我人生最好的拐杖。”“学生就是我最大的牵挂，我绝对不会停止跳跃!”除了采访本人外，我还采访了其爱人、村民、学生等，听了阮文发老师的课，实地走了阮文发跳跃的台阶……应该说，阮文发老师的课上得并不算很好，但其爱岗敬业、执著奉献的精神却感动了大家，我也是怀着感情写下了《360万级台阶的教坛赞歌——记福建省漳州市龙文区石洲小学教师阮文发》。当然，这篇人物通讯所写的故事虽多，却有些陈旧，不能说不是一个遗憾。

值得说明的是，一些学生记者认为采访对象不善于表达或善于表达，往往是自身采访经验不足所致，具体情况有以下几种：其一，学生记者提问不清楚，或提问时讲述太多，对方不了解采访意图，不知道该说些什么。其二，学生记者不知道该采访什么内容，自己也不知道该问些什么，而寄希望于采访对象，而对方与记者没有“心有灵犀”，故答非所问了。其三，被采访对象是位“牛人”，工作繁忙且成就显著，见学生记者“初出茅庐”，就有些不太愿意接受采访。

在我看来，不论面对哪类采访对象，学生记者在采访前首先自己要搞清楚：这个新闻人物的闪光点在哪里？要采访哪些内容？采访时，学生记者边听边要问自己：事件的前因后果弄明白了没？是否对什么问题有疑问？已掌握的信息是否能够完成稿件写作了？更重要的是，采访前一定要认真做足功课，仔细收集研读有关采访对象的新闻报道或讲话资料，这样才不至于对采访对象一无所知，也不至于不知道从何入手展开采访，更不至于不知道怎样写出该人物的个性与特点。采访时，应迅速找准突破口，顺势引导，随机应变。

此外，采访结束后，学生记者若对某些事情或问题有疑问，则仍需要进一步补充采访。写稿时遇到对某个细节“没把握”“不甚明白”，这时都需要补充采访，不能因担心打扰对方而回避问题。

学生记者自己没搞明白，则文章很难写明白。“极端人物”采访并不难，关键是要有写好人物通讯的信心与方法。

附文：

360万级台阶的教坛赞歌

——记福建省漳州市龙文区石洲小学教师阮文发

本报记者　龙超凡

一个右腿残疾的教师，每天单腿跳跃过120级台阶，风雨无阻地给孩子上课，单腿站立课堂万余个小时，且一坚持就是29年。

一个仅有初中文化、偏远渔村的教师，却取得了高级职称，还先后获得省先进工作者、自强模范、十佳职工以及“五一”劳动奖章等荣誉。

他就是漳州市龙文区朝阳镇石洲小学教师阮文发！

“我要当教师，我要教孩子读书识字”

石洲村距市区遥远，交通闭塞，除水路外只有一条坎坷不平的小路与外界相通。村民们世代靠打鱼为生，大字难识几个。

出生于石洲村的阮文发从小便患上了小儿麻痹症，右腿萎缩蜷曲，比左腿短了一大截，根本无法用双脚走路！不能打鱼，母亲便省吃俭用地送儿子上学，想让儿子靠文化吃饭。

初中毕业后，阮文发成为石洲这个小渔村唯一的文化人。村支书希望他留村工作，并提供了两份工作给他——村财务会计和村小代课教师。

当时，石洲小学设在半山腰，而阮文发的家在学校对面的半山腰，上山下山有120级水泥台阶。渔民们认为阮文发一定会选择当会计，然而，阮文发却出人意料地选择了当一名教师！

阮文发并非一时冲动。从小，阮文发便深知渔民太需要文化了！在生活中，渔民吃了太多没有知识的亏：动手制作编渔网用的梭子，因不会用尺子，只能用小木棍来比划；个别渔民买回来了先进的打鱼机器，但因看不懂英文，机器只得闲置……

“那时，渔民在陆地上没有土地，全部漂在海上，加上都是文盲，让人瞧不起啊。”阮文发说，他当时只有一个念头，就是要用知识改变渔村，要教孩子读书识字。

为了当好教师，阮文发毅然扔掉了陪伴他多年的拐杖，每天靠左脚跳跃着去上课。这根拐杖阮文发一扔就是37年！

扔掉拐杖的日子，如台阶一样不平坦。没有人能记得清，在往返学校的120级台阶上，单腿跳跃的阮文发究竟摔过多少跤、跌倒过多少回；也没有人能够想象，家中的亲人对他有多么的担心。但阮文发坚强地挺过来了，跌倒了、爬起来，再跌倒、再爬起来……一年，两年……直到石洲小学搬迁，他跳跃着到山腰的小学教书整整29年！

有人替阮文发算了一笔账：狭长的梯状台阶有120级，每天到学校来回4次，29年间，阮文发至少跳跃了360万级台阶！

“学生就是我人生的拐杖，我要让孩子全部走进教室”

在阮文发眼里，他并不残疾，走路依然四平八稳。阮文发说：“我没有拐杖胜过有拐杖，因为学生就是我人生最好的拐杖。我要让孩子全部走进教室，接受良好的教育。”

石洲小学只是一个村级小学，学生最多时有120多个，教师只有几名，而且像走马灯似的换。1969年，刚当上代课教师的阮文发便担任了小学二、三年级复式班的全部教学工作。尽管学生只有28个，但把各年级各学科的课程上完，已让他累得够呛。但阮文发一直主动“挑大梁”，教着复式班。

渐渐地，只有初中文化的阮文发感觉到自己的底子薄，便在刻苦二字上下足了工夫。阮文发常年担任着繁重的教育任务，业余时间几乎全部在辅导学生，但他竟完成了函授中专课程，拿到了中专文凭。要知道小渔村到市区有50余里的坑洼路程，而阮文发只有单腿走路，他是如何完成中专学业的呢？旁人不解，阮文发只是呵呵地笑。

正如渔民们亲眼目睹的那样，阮文发全身心地扑在教育上，扑在孩子身上。1997年，阮文发接任了一个毕业班的语文教学工作，考试摸底后，他发现全班成绩最差的学生阮建（化名）并不笨，只是上课总提不起精神。阮文发多次找阮建谈话，最后才摸清了他“差”的原因是父母长期感情不和。为了让阮建安心学习，阮文发先后15次找阮建的父母谈心，终于，阮建父母的疙瘩解开了，但阮文发的帮扶工作并没结束。只要一有空，他就往阮建家里跳，风雨无阻，逢年过节照样为阮建补课……阮文发的真诚感动了阮建一家。最终，阮建化厌学为好学，成绩直线上升，并以优异的成绩考上了中学。

渔民们感激阮文发，因为他及时把辍学的孩子从渔船上拉回课堂。当时，渔村贫穷，渔民出海打鱼需要帮手，而上学又需要交学费，渔民们常常萌生让孩子辍学的念头。因此，该校学生的辍学率一直很高。然而，阮文发却和家长“较真”了：一旦发现有孩子没来上学，就单腿跳跃着到渔船上进行家访，风雨无阻。

多年来，阮文发单腿跳遍了石洲村各家各户，沿江走访了各家渔船，把200余个辍学的孩子带上岸来，并送进了学校，使整个渔村小学的入学普及率达到100%。

“渔村需要我，孩子需要我，我没有理由不选择留下”

小渔村条件艰苦，公办教师没人愿意来，代课教师也常常是教一两年就走掉了。而阮文发一干就是30余年，其间的辛酸实在太多。

1988年5月的一个星期天，阮文发到漳州市参加函授学习，由于当天课程紧、学习任务重，到了晚上7点钟才结束功课。为不耽误第二天上课，阮文发急匆匆往家里赶，当他下车跳进漳滨村时，天上下起了暴雨。顿时，漳滨与石洲这段2公里长的田间小路被雨水淹没了，正常人在这样的路上行走都很艰难，况且是残疾的阮文发呢！一路上，他跌倒了就爬起来再跳，再跌倒就再爬起来跳……跳至半路时，左脚皮全磨破了，便改用爬……等爬到家中时，已是深夜了。妻子看到“泥丈夫”，眼泪簌簌地掉了下来……

1990年暑假，一个机会悄然而至：学区领导考虑阮文发单腿跳台阶不易，决定让他异地任教。不知咋的，这消息不胫而走。一天晚上，几名家长摸黑赶到阮文发家中，近乎哀求地说：“阮老师，你不能走。如果你调走了，咱家的孩子咋办？我们哪里去找你这样的好老师呢？我们这一辈不识字已够惨了，不能再让孩子们失学啊！阮老师，看在乡亲的分上，请你留下来吧！”

一头是家长，一头是家人，阮文发困惑了、动摇了：“是啊，我走了，学校往哪儿去找教师呢？不！决不能因自己的调离而让30多个孩子辍学呀！”想到这些，阮文发当即表态：“没有渔村就没有今天的我，既然渔村需要我，再苦再累我也得留下！”

阮文发理解家人的担心，但他实在无法割舍渔村的孩子，最终他还是选择留下来。事实上，阮文发1989年就已转为公办教师，调离的机会很多，然而他依然选择了坚守。阮文发感慨地说：“不是我不想走，而是舍不得乡亲们，更舍不得小渔村的孩子们，我没有理由不选择留下！”

“只要和渔村孩子在一起，搬到哪里都可以”

1998年，区政府为帮助渔民发展外海作业，对小渔村进行布局调整，整体迁村到江东北引水闸下游的江畔，并决定把学校搬迁到新村。

阮文发来到新石洲小学任教，并担任了校长职务。他说："我对教育一片赤诚，只要和渔村的孩子们在一起，搬到哪里都可以。"

搬进新学校的第一天，阮文发心里就凉了：简易的6间校舍，民房结构一字摆开，小操场仅有一杆国旗而已，没有办公室、没有围墙，甚至连厕所也没有！但阮文发凉的心马上又热了起来，他决定亲自动手改变新学校的教学条件。

于是，阮文发一方面配合村里争取政府投资款，一方面向主管部门求救。款没到时，阮文发便央求渔民们帮忙，而他自己总是一马当先，挑重活、干累活，凭着一条腿蹬上跳下。手磨出了血泡，脚被砖头砸伤了，阮文发都顾不上。终于，学校先后修建了花坛、厕所，新盖了办公室，筑了围墙和校门，学校像个学校了！

在新石洲小学，阮文发一干又是8年！令人振奋的是，他辛勤的汗水结出了丰硕的果实：在省"两基"验收中，石洲小学普及程度"八率"均达标，并顺利通过省"双高普九"验收，获得上级领导和周围群众的交口称赞。

眼下，新石洲小学只有13名学生，马上就要在学校布局调整中撤并了。阮文发将要到另一所小学任教，开始新的人生跳跃。他说："学生就是我最大的牵挂，我绝对不会停止跳跃！"

（原载《中国教育报》2007年4月20日）

让人物的个性和思想闪光
——采写先进人物报道体会

写先进人物，应写出人物的个性和思想，把人写活，让读者读文如见其人，并能记住人物的主要事迹。

当记者以来，每次做先进人物采写报道，心情既兴奋又忐忑。兴奋的是，又有大稿要见报了；忐忑的是，怕写不好而让人物成不了真正意义上的先进。究竟是兴奋的成分多些还是忐忑多些，自己也无法说清楚。我一直认为，把一个先进人物写得平平，是对工作的不负责任，更是对被报道人物的一种亵渎。因此，在报道先进人物时，我总是不断地提醒自己："要写好，不能让人物毁在我的笔下。"

几年来，我先后参与采写了杨仁崔、阮文发、曹云露、吕榕麟、慕容慎行、林占熺等先进人物，稿件见报后也产生了一定的影响。当再次审视这些作品时，自己却总能发现一些不尽如人意的地方，内心不免又忐忑起来。正如学无止境一样，人物通讯报道永远没有最好，只有更好。

一、采访前尽量了解人物事迹

有人认为，只有与被报道人物本人或相关人士直接交谈，才是采访。这是对采访含义的狭隘理解。事实上，从接触人物事迹的那一刻就开始了采访，这种接触可以是通过第三者、第四者说的，也可以是在网络、报纸等媒介上看到的。

在采访先进人物前，应尽可能地作好采访准备。若不做好准备，对被报道人物事迹没有较充分的了解，见到其人时便不知道问什么，即使提问也停留在皮毛上，把时间浪费在对人物大体情况的了解上，不能较深入地了解人物的内心世界。特别是与新闻采访团一同采访时，各家媒体记者争抢新闻，根本没足够时间让你与被报道人物长时间交谈。这样即使勉强把文章写出来了，也不可能打动人心。

怎么作好采访准备？一是利用网络查找相关资料。一些典型人物出名之前，大多已被有关媒体不同程度地报道过了，因此我们可通过网络搜索引擎检索，寻找有关人物的生平、爱好、事迹、荣誉等。比如，高校重点宣传的先进人物，学校往往设有专门的网页介绍其先进事迹，故可登陆学校网站浏览。二是寻找有关人物的纸质材料。各种有关先进人物的文件、材料、新闻媒体报道，均应仔细阅读，记者再结合所在媒体的报道特点和风格，寻找自己想要的东西。三是与熟悉先进人物的有关人士聊天。如，对于高校中的先进人物，我们可给该校宣传部长或通讯员挂电话，聊聊“这个人怎么样”“你觉得这个人先进在哪里”等，这对采访准备收集些什么材料也十分必要。当我们收集不到人物的纸质材料时，也可请通讯员帮忙。

二、采访中尽量深入人物内心

采访准备越充分越好，但并不等于采访准备可以替代采访。采访开始，采访准备的好处就立即显示出来了：可迅速拉近与被采访对象的距离，让被采访对象消除心理障碍，说出你想要的；可避免主要事迹表层上的反复陈述，而直接通过提问走进人物的内心世界，让人物的个性与思想展示出来。

在采访中，记者应尽量做到两点：一是尽量寻找故事和细节。读者读报时最烦空洞无物的说教，而喜欢看一个个精彩的故事。如，某教师“爱生如子”，若写几个看似气势磅礴的排比句子，读者看了没印象；若写出“教师把孤儿接到家中住，为省下学费，让孩子吃大米饭，自己等孩子睡熟时吃地瓜充饥”的故事，读者就记住了。细节和故事一样重要，应善于用眼睛捕捉外在可见的细节。而人物已发生的感人细节，则可通过第三者的讲述，放大并印证细节，让人物的形象进一步升华。值得一提的是，细节往往是蕴涵在某些故事中的，要善于判断其价值，将其挖掘出来。

二是尽力让人物说出内心的真话。在收集一个个故事时，要了解故事背后的故事，让人物说出心里的想法。我们可通过提问“你当时是怎么想的”“你为什么这样做”等，挖掘出这个人物的灵魂，挖掘出其精神所在。而且，人物说出来的话，要在文中适当地用直接引语表现出来，这样文章生动可读，人物形象也更加鲜明。

采访中还应讲究人文关怀。一些先进人物可能身患绝症，采访前应征求其本人的许可。采访中，语气要委婉亲切，表述要恰当合理，切不可给人一副公事公办、居高临下的感觉。我们甚至还应对其病痛表示伤感，鼓励其勇于与病魔作斗争，祝福其身体早日康复。有些先进人物病情严重已不能接受采访，这时记者应放弃采访其本人。有的媒体记者以任务在身为由，向病人家属提出“给我两分钟就好”的要求，这是缺乏人道主义精神的，有违新闻伦理与职业道德。作为一名记者，敬业精神无可厚非，但不能以牺牲他人健康为代价。

如果被报道对象已去世，可通过座谈会等形式采访相关人员，包括其家属、同事、朋友、学生等。在征求家属同意的情况下，可翻阅被报道人物的工作日志、日记等，尽量还原人物的形象。

三、采访后尽量写出人物灵魂

在人们眼中，人物似乎很容易写，因为人物现成的材料比较多，东抄西凑点事迹便可成文。殊不知，写出人物的灵魂却是难上加难。写先进人物，应写出人物灵魂，即人物的个性和思想，把人写活，让读者读文如见其人，读后能记住人物的主要事迹，甚至心灵受到震撼。我认为，采访要以采出人物的灵魂为主线，写作要以写出人物的灵魂为核心，两者相辅相成，任何一环节没到位则前功尽弃。

俗话说：“七分采，三分写。”但这并不是说写作不重要，写作是采访的加工和剪辑，重要性也不容忽视。因为，“三分写”是最终与读者见面的东西，直接决定着先进人物采写的成败。“三分写”应讲究这几点艺术：一是精心制作文章标题和各部分的小标题。俗话说：“读书读皮，看报看题。”标题平淡、平常会让人忽视对文章的阅读，即使文章写得再精彩，恐怕看的人也不多。文章标题制作不能随意捏造想象，而应是人物主要事迹和特点的浓缩概括；各部分小标题应是本部分最精华、最核心的东西。

二是文章开头要精彩。开头不精彩，全文就打不起精神。开头应尽量避免普通的陈述，应根据人物的特点和事迹提炼，要能让读者内心感到震撼，引发继续往下阅读的强烈欲望。如，我采写三明学院曹云露教授的开头前两段是：

一个身患癌症的人，一如既往地下企业、搞科研，即便躺在病床上也心系工作，他常对师生们说："没事，没事，我身体好着呢！"

一个身患癌症的人，自始至终没对学校提任何要求，却要求继续在岗位上工作，他常对师生们说："抱歉，抱歉，我做的事太少了！"

又如，我采写福建省漳平一中叶青柏的报道开头是：

一个左腿高位截肢的人，一生该怎么度过？

在闽西山区，福建省漳平一中特级教师叶青柏用实际行动作答：教书育人。

三是文章的结构层次要分明。这个结构层次的划分，应以文章的主线为准点。一篇长篇通讯，至少要有一个主线，全文要按这个主线展开，或以时间为顺序，或以事件发展为顺序。文章的各部分素材选取都应以最充分地展现人物形象为准绳，笔笔都应与反映人物的灵魂相关。

应该提及的是，有的媒体记者为图省事，把人家校报或有关材料上的文章一组装便拿来发表，这切不可为。一则影响了报社和自身的形象，被人讥笑成"校报水平"；二则失去了一次展现自我的机会。一般来说，多家媒体都会安排记者对先进人物进行采访报道，这是媒体与媒体之间、记者与记者之间的一次实力大比拼。可见，写好先进人物报道的意义不言而喻。

附文：

用生命守望山城教育

——记福建三明学院教授曹云露

本报记者　曾志宏　龙超凡

一个身患癌症的人，一如既往地下企业、搞科研，即便躺在病床上也心系工作，他常对师生们说："没事，没事，我身体好着呢！"

一个身患癌症的人，自始至终没对学校提任何要求，却要求继续在岗位上工作，他常对师生们说："抱歉，抱歉，我做的事太少了！"

7月21日，福建三明学院物理与机电工程系主任曹云露教授走完了生命的最后历程，享年52岁。7月23日举行追悼会那天，人们从四面八方赶来，有教师、有学生、有打过交道的企业老板，还有素未谋面的社会人士。追悼会上，哭声几乎未停，人们从心里记住了他。

工作上的事力求最完美

曹云露是福建三明学院引进的科研人才。2006年引进曹云露时，有个小插曲，让人感觉到他的“怪”。原来，曹云露应邀到校考察那天，学校出于礼貌请他参观三明地区的山水景观，但他立即谢绝了，他说：“我想先考察三明的机械厂，看看机电专业在三明的发展空间，没事情做，我呆不住。”整整一天，曹云露一头扎进三明钢铁厂等机械类企业，下车间调查，与企业负责人交谈。

曹云露毕业于中国科学院等离子体物理研究所核能科学与工程专业，是教育部学位中心“学位与研究生教育评估专家库”成员，国家煤炭行业“653工程”人才库专家。曹云露举家从安徽迁到有山城之称的三明工作，这让三明学院既惊讶又惊喜。

刚到三明学院物理与机电工程系工作时，曹云露只是一名普通的教授。但很快，曹云露就被任命为系主任。为什么厚待曹云露？该系党总支副书记彭永仙说：“一方面是曹教授的业务能力，一方面是他醉心于事业，整天忙着科研和教学，大家都从内心里敬佩和尊敬他。”

曹云露在同事眼中是个工作狂。担任系主任后，曹云露更忙了：他几乎天天工作到深夜，有时候甚至到凌晨5点，简单地眯一会儿，早上7点便赶校班车上班，而中午简单吃碗泡面就在办公室继续工作。

2006年，三明学院正全力准备学士学位授权评审工作。曹云露在忙专业建设材料的同时，带了一门必修课和一门选修课，还一口气申报了几个课题。彭永仙说：“曹教授太想做事了，主动找各种事来做，而且力求做到最完美。”

“力求最完美”是曹云露的个性。审阅各种材料时，他绝对不放过一个标点符号和错别字；安排重大活动时，他会在一旁守到最后。曹云露常常对身边的人这样说：“工作上出现一点小纰漏，看似是件小事，但却影响了学校的形象和荣誉。”

把学生始终摆在第一位

曹云露把学生始终摆在第一位。进校伊始，他便主动给本科生上专业课和选修课，他常说："教师的首要职责是教书育人，其次才是科研，科研能反哺教学，教师应在教学中反映科研新成果，这样教学才能站得更高、看得更远，学生才能真正受益。"

曹云露严谨的治学态度让学生十分敬佩。该系2006级机械专业学生李宗仁说，曹教授批改机械制图作业时，总是拿着尺子和红笔，一边测量一边修改，发现错误就一一纠正，他从不在作业本上画含糊不清的"半对"，因此往往批改一次作业要花几个小时。"学生一旦养成严谨治学的习惯，他们就将受益终身。"曹云露曾这样说。

"曹教授的一言一行真正做到了为人师表。"该系2006级机械专业学生刘惠源说，学校规定听讲座有学分，教师则要在讲座后给学生一一签字，"曹教授的讲座往往有一两百人参加，但他从不用印章，而是用笔一个一个签，签字时还会对着学生点头微笑"。

曹云露上课严肃认真，课后则幽默风趣，学生们都喜欢课后找他谈心，他常常为了和学生谈心而顾不上吃饭。曹云露平时忙得不亦乐乎，但只要有学生找他，时间就"富足"了，他曾说："只要学生愿意和我聊，我就留下来不回家。"

曹云露一面站好讲台，一面醉心科研。短短两年里，曹云露就先后主持省级科研课题3项、校级5项。

在他的带领下，组建了福建三明汽车工程研究中心，成立了福建三明汽车工程技术研究所和三明机械CAD工程研究所。他参与的国家重大科学工程项目"EAST超导托卡马克中心螺管原型线圈设计与制造"研究，获国家级成果奖。他主持的"三明机械CAD工程研究中心"，入选了福建省新建本科高校创新平台首批建设项目。

年轻教师眼中的严师慈父

在物理与机电工程系，师生们都喜欢称呼曹云露为"曹教授"，而不是"曹主任"。年轻教师都喜欢找曹云露聊天，而曹云露总是和蔼地和他们拉家常，谈人生，并细心询问生活、工作等方面是否需要什么帮助。曹云露有这样一个习惯：每当有年轻教师走进他的办公室，他就会停下手中的工作站起来，询问有什么需要帮助的。

辅导员许晶说：“曹教授对年轻教师的关心无微不至，他就像个慈爱的父亲。”

但曹云露也有严厉的时候，他对年轻教师犯的错误并不姑息。2006年年底，系里搞教学自评，曹云露发现一个年轻教师的一份试卷分数统计出错了。在旁人看来，这是件小事情，但曹云露却说：“这不是失误的问题，而是工作责任心不强，一定要严肃批评。”随后，曹云露特地找来该教师，语重心长地教育他。

还有一次，年轻教师小林睡过了头忘记了期末监考，这可是重大教学事故。曹云露把小林找过来，先批评，再让他写检讨。小林写了三遍检讨，曹云露都一一退回去让他重写，直到第四遍才过关。而私底下，曹云露对系办公室主任魏茂金交代说：“这件事就不要上报学校了，只要年轻人认识到错误，今后不再犯就行了。”

曹云露对年轻人要求严格，同时也十分注重为他们创造发展平台。带头申报课题、鼓励教师们写高质量的教科研论文，翻开曹云露的工作日历，几乎没有空白的记录。

生命垂危之际仍牵挂工作

曹云露一心扑在教学上，病魔却悄然袭来。2007 年 6 月，曹云露每次上完课都浑身湿透，他以为是身体劳累虚弱，仍坚持给学生上好每一节课。进入 7 月，曹云露上厕所时便血不止，他打算去医院检查。

这个时候，他发现正在建的系实验室有偷工减料的现象，便决定把病情先搁置一边。整个暑假，他三天两头出现在工地上，仔细检查工程建设质量。而这时，竟是他癌症扩散的时期！

2007 年 8 月底，曹云露的病情被人发现，学校要求他停下手中的工作，立即到医院检查。经诊断，他已患直肠癌并大面积转移到肝脏！学校立即通知他，安心化疗养病，不用到学校上课了。却不知，曹云露每次化疗一结束，就又跑到学校工作了。

2007 年 10 月，刚化疗结束的曹云露和同事去东南汽车汇华缸套厂洽谈项目合作。2008 年 4 月 18 日，曹云露在医生的再三劝告下，坐了 4 小时车到福建省肿瘤医院接受会诊。因为有一个省级课题第二天要接受验收，当晚 10 时，他央求司机连夜送他从福州赶往三明。第二天上午 8 时，他准时出现在课题验收现场，并圆满地完成了汇报工作和答辩任务。教师吴龙说："看到曹云露出现时，我非常震撼，原以为他至少要在医院住几天，没想到当晚他就赶回来了！他把工作看得比他的命还要重呀！"

2008年4月前，除化疗时间外，曹云露一直在工作中，人们劝他多休息，他总是笑着说："没事，没事，我身体好着呢！"2008年5月，曹云露的病情开始恶化，他只能躺在家里或病床上了，但仍用手机处理着系里的大小事务。他常对看望他的老师们说："我很愧疚，为学校做的事太少了。"

曹云露为什么在生命垂危的时候仍然那么拼命工作？老师们给出了一个答案——他想多为学校做点事情，少给或不给学校带来负担。

曹云露的事迹传开后，学校广泛开展了向曹云露学习的活动。三明市委、福建省委先后授予曹云露同志"优秀共产党员"荣誉称号。

（原载《中国教育报》2008年8月11日）

专业报道要写出前瞻性

记者要有一定的专业知识积累，勤于学习和思考，以把准稿件方向。只有站位高，才能把准脉。

一些学生记者经过锻炼已经能熟练写好小事件、小故事和校园人物等比较简单事件的报道了，但对一些经验性报道却有些力不从心，对涉及专业知识的领域更是望而生畏。究其原因，主要是缺乏对某专业领域知识和政策的学习，分不清当前该专业领域发展的方向、宣传的重点、存在的难点，采访时听到的东西都觉得很新鲜，感觉都很重要，采访也就成了“脚踩西瓜皮——滑到哪里算哪里”，写作时也无法抓住重点，故不太可能写出能引领该领域发展的前瞻性报道。

且举一个我实习期间所写的专业报道。

2005 年 12 月，《中国教育报》湖北记者站获得了一条线索：湖北赤壁市今年秋季 3 所中职校招生 4600 人，而全市 5 所普通高中招生人数不足 4100 人。在社会各界“重高考轻中职”的大背景下，中职招生人数超过普高，这无疑是一则不错的新闻。与报社领导请示沟通后，他们也认为应该可以写一则有关该现象的新闻分析。

当即，时任湖北记者站站长刘新其先生决定带我前往赤壁市采访。采访前，我利用互联网认真备课，掌握了一些有关赤壁市中职的二手资料。其中，湖北省教育厅发文《内学赤壁市机电信息技术学校，外学四川泸州少岷职校》引起了我的关注，这说明赤壁市这所中职校办学在全省数一数二，一定有一些创新做法，否则湖北省教育厅不可能发文倡导全省中职学校学习。

前往赤壁市采访的途中，我的内心是颇不平静的，这引起了我诸多回忆。赤壁市隶属于咸宁地区，是与我的老家嘉鱼县接壤的邻县。早于 20 世纪 90 年代，赤壁市中职学校招生广告就经常出现在嘉鱼县电视台上，甚至暑假期间许多电视连续剧就由赤壁中职校冠名播出。此外，每年暑假，赤壁市各中职校的招生宣传员就深入到嘉鱼县各乡镇、村组招生，直接入户到中考落榜的学生家中进行宣传；学校还动员在赤壁中职校就读的嘉鱼籍的在校生回乡宣传，介绍本村、亲戚的孩子去上中职……

抵达赤壁市，我们先来到市教育局，了解相关情况。局长龙天成介绍了赤壁市中职教育发展总体情况，以及市委、市政府在发展中职教育方面出台的政策等。随后，我们又赴赤壁市机电信息技术学校等中职学校采访，先召集座谈会采访，采访对象有校长、教师、学生等，再参观校舍特别是实训设施设备。

采访中，我们紧紧围绕赤壁市职教招生为何能超过普高这一主线，探寻赤壁市职教红火的秘密，同时又注重发掘职业教育发展的走向与趋势。比如，“教育教学直接与市场需求挂钩、直接与服务地方经济挂钩”，这说明要遵循市场规律办学；“实行‘订单培养’，学校直接使用企业提供的教材，企业派人到学校来培训该校教师”，这便是学生受众多知名企业欢迎的重要原因之一，也是学校高就业率的奥秘。“实行‘分级培养’，注重因材施教”，有效解决了好学、好玩等不同学生的需求，而现今不少中职校仍无此意识，而只是一味抱怨中职生“基础差，难沟通，不好教”。该校还在外地设立办事处，及时与用工企业沟通，把办学触角延伸到一线城市。

从现今的眼光来看，这些办学经验至今仍有强盛的生命力，仍是职业教育发展的大趋势。可惜的是，不少中职校的办学仍有气无力，校企合作仍只是肤浅的表面功夫。

为何赤壁市职业教育能够发展好？我们还把这个问题分别抛给了中职校长、教育局长和市委市政府有关负责人。果不其然，政府的有力扶持，教育大环境的宽松，才使学校生机勃勃，敢作为且有所作为。

采访归来，我如同竹筒倒豆子一样把采访内容写了出来，且采取自问自答的方式，把全文用一条脉络清晰的主线连在一起，可读性较强，且把职业教育的内涵摆在了读者面前。

据了解，报社编辑部原来准备把此稿放在二版头条“热点透视”栏目的位置刊登，作为一种“反常”现象的分析。见报时，报社果断将该报道放置在头版头条位置，向全国读者推荐。此文见报后受到多方好评，且获《中国教育报》月度、年度好新闻一等奖。

当然，这篇稿件也有缺陷。比如，另外两所中职学校的招生就业情况，若用相关数据表述出来，则会更有说服力。

且再回过头来说说如何写好职业教育的报道。我认为，记者必须要有一定的专业知识积累，勤于学习和思考，把准稿件方向。这需要记者持续研究国家、有关省份出台的有关发展职业教育的政策，弄清楚各时期职业教育发展重点、发展方向和发展趋势，搞明白当前各地发展职业教育的现状、存在的问题，破解瓶颈的办法等，仔细研究职业教育在服务社会经济发展、服务企业用工需求所做的贡献及不足。当然，记者还可以研究有关媒体所报道的职业教育稿件，进一步分析当前媒体报道的重点、热点。

举例来说，近些年新闻媒体报道职业教育的重点大致有：各地政府实施免费职业教育，鼓励初高中毕业生接受中职教育；各地政府大力发展职业教育，促进当地社会经济发展；中职学校开展“订单培养”“半工半读”“校企合作”“前校后厂”“企业冠名班”“生产性实习”“全仿真实验室”等办学方向，使人才培养与企业实现“无缝对接”；等等。

只有站位高，才能把准脉。但站位高并非一朝一夕可做到，而需要认真钻研学习和长期的积累，正所谓厚积方可薄发。

对于专业报道来说，若不能写出该领域时下热点和前沿内容，没有一定的前瞻性，则报道不能算作专业。

附文：

抓就业抓出高入学率

——湖北赤壁市中职招生超过普高的启示

本报记者　程墨　实习生　龙超凡

今年秋季，湖北赤壁市教育领域发生了一件“怪事”：该市 3 所中职学校招录学生 4600 余人，而 5 所普通高中招生人数不足 4100 人！中职招生人数超过普通高中，这在赤壁市历史上是第一次！在湖北，也是第一次！

在日前召开的全国职业教育工作会议上又传来了喜讯：教育部、财政部等七部门表彰全国职业教育先进单位，赤壁市机电信息技术学校榜上有名。

一个地方的中职学校如何成了“香饽饽”？赤壁市又是如何发展职业教育的？日前，记者到赤壁市进行了深入采访。

中职校成了城市名片

途中，一朋友打来电话说，到赤壁市可以不去看三国古战场，但不可不去中职学校。这句话，更吊起记者的胃口。

记者在查阅资料时发现，今年3月，湖北省教育厅就向全省中职学校发文：“内学赤壁市机电信息技术学校、外学四川泸州少岷职校”，并确定赤壁机电信息技校机械电子专业为省级重点专业。

走进赤壁机电信息技术学校，一排整齐的教学用房呈现在眼前，学生的读书声、老师的讲课声此起彼伏。据校长张继新介绍，该校建校30年，现有5个教学区，今年秋季招生人数达3300余人，生源遍布湖北、湖南、四川、江西、河南5省20余个县市，而且学校从1997年起就不用政府拨款了。

张继新的话说得很平静，却给在场的人不小的震撼！几年来，赤壁市机电信息技术学校的就业率一直是100%！附近的百姓都说，读赤壁市机电信息技术学校成本少、见效快，就业一点也不发愁！

原来，该校已先后与深圳华为、富士康、环旭电子、TCL、LG、索尼等100多家知名企业签订用工合同，企业纷纷来校“订单培养”学生。仅以2005上半年为例，该校举办校园招聘会46场，安置毕业生1689人。

赤壁电信技校如何办校？其高就业率的奥妙又在哪里呢？

质量第一是取胜法宝

据校长张继新介绍，学校始终贯彻“一流的教学、一流的管理、一流的服务、一流的名校”的办学宗旨，教育教学直接与市场需求挂钩、直接与服务地方经济挂钩，着力培养独特的技能型人才，让他们就好业。

“企业需要什么人才，我们就培养什么人才。”张继新说，学校一半以上的学生是企业“订单培养”的，学校直接使用企业提供的教材，企业派人到学校来培训该校教师。“这种办学效果明显，如 TCL 手机修理部 60%以上的修理技工是我校毕业的，学生人数达 180 余人！”

当记者问到是什么使众多企业青睐该校学生？张继新的回答简短而有力：“当然是质量！”

该校实行“分级培养”，注重因材施教，培养学生的动手实践能力。“好动的学生，我们安排他到实习基地或工厂进行实践；基础较好的学生，则侧重专业理论的学习，作为精英人才培养。”

为安排少量学生的重新就业，该校在北京、上海、深圳设立了 3 个办事处，确保毕业生能满意自己的工作。并且办事处还可以开拓就业渠道，收集已就业学生的信息，及时与用工企业进行沟通。

高就业率掀起了招生热潮。今年分配到上海伟创力的龚雪萍，工资待遇虽然在学校毕业生中属于中等水平，但她家里已经很满意了。经过龚雪萍家人的带动，2005 年学校仅在龚家所在的新马村附近就招收了学生 30 多人。

政府为中职发展辟“绿色通道”

办得红火的中职学校又岂止是赤壁市机电信息技术学校！记者随后走访了赤壁市职教中心、蒲坊职教中心两所中职学校，也发现同样的故事：高质量的学生好就业，高就业率又带动了学校招生。

赤壁市中职为何能发展得如火如荼？张继新说，这要归功于政府的统筹管理、归功于政府保驾护航，是赤壁市政府和教育局为职业教育的发展营造了氛围。

赤壁市委书记龙良文介绍，政府为职业学校开设了“绿色通道”，对公办职业学校进行了体制改革，给公办职业学校办学自主权，使职业学校真正成为面向社会、面向市场自主办学的实体。

“有了自主权，学校领导就更有积极性，就可以放开手脚，大胆走进市场，去了解市场、分析市场，以至快速地适应市场，及时作出抉择，抓住有利于学校发展的时机。”龙良文说。

赤壁还出台了一系列的政策举措：加强实训实践基地建设、加快建设“双师型”的职业学校、继续推进农科教结合和“三个统筹”、健全职业教育经费保障机制等。

“政府部门已把职业教育列入业绩考核重要内容，对职业学校督导和评估不放松。”赤壁市教育局局长龙天成介绍，赤壁市近年来大力宣传职业教育的先进典型和先进人物，并给予奖励和表彰；定期开展职业技能竞赛活动，对优胜者给予相应奖励，且认定其相应的职业资格……

“下一步，我们将进一步整合职业教育资源，以市职教中心为龙头，以产权为纽带，面向市场，‘订单办学’，按照校点布局合理、办学设施共享、专业设置科学、师资调配统一的原则，组建赤壁市职教集团。”赤壁市市长王名德对中职教育前景看好。

（原载《中国教育报》2005年12月22日）

新闻报道别让读者疑云重重

新闻记者在报道选题、角度选取、素材筛选上都应注重服务社会、服务人民，注重凝聚正能量，传递正能量。

一篇优秀的新闻报道，至少应该讲清事情的来龙去脉，让读者知其然且知其所以然，而不是让读者心中存有诸多疑问，更别让读者怀疑新闻的真实性。

然而，不时有新闻媒体的报道避重就轻，在轻处“大肆泼墨”，而关键处则“一笔带过”，读者阅读后心中留下多个问号。比如，厦门某报 2012 年 7 月 17 日头版头条的导读标题是《少女不知怀孕　公交车上产女》，乍一看，一下子便吸引了读者注意：第一，已经生孩子的少女竟然不知道自己怀孕，惊奇！第二，公交车上怎么把孩子生下来的，好奇！该报第 3 版整版对此事进行了详细报道，标题的主题是《“小龙女”在 123 路公交车上诞生》，副题是“司机救人心切闯红灯车子跑到爆胎，热心大姐随车照顾产妇并帮忙报警，交警得知情况后立即放行”，现将正文转载如下。

“小龙女”在 123 路公交车上诞生

司机救人心切闯红灯车子跑到爆胎，热心大姐随车照顾产妇并帮忙报警，交警得知情况后立即放行

“我从来都没想到过会遇到这种事情，我开着公交车朝医院狂奔。”前日傍晚，123 路公交车司机郭义华载着一名在车上产下女婴的产妇一路狂奔。救人心切，他甚至闯了红灯，车子在飞奔中，一个轮胎还爆了胎。

公交车上　有人生下了孩子

前日 17 时许，郭义华驾驶 123 路公交车行至莲花三村站时，一名

乘客突然告诉他：一名乘客在车上突然产下了一个婴儿。他赶紧停车，在这个乘客的指引下，郭义华立即到车厢查看。在下车门附近，他看见一名年轻男子抱着一个婴儿，尚未剪断的脐带连着一名年轻女子。

“那个女子看起来不到20岁，脸色发青，大颗的汗珠直往下掉，还一直在流血。”郭义华说，这对年轻人当时要下车，被他立即叫住。据车上乘客反映，女子产子时，并未听到她的叫喊声。

公交车上坐满了要回家的乘客，郭义华请求乘客们下车，他要送产妇到医院救治。在产妇坐过的位置上，郭义华发现了大片血迹。情况紧急，他立即开车将产妇送往中医院。然而，此时往中医院的路上堵满了车，公交车根本开不过去。

救人心切　公交司机闯了红灯

为了不耽误产妇病情，救人心切的郭义华立即调转方向，将车开往中山医院。郭义华发现，公交车上还有一名40来岁的女子在照顾产妇，便让其拨打110报警。随后，郭义华又联系了120，对方也在路上寻找他开的这辆123路公交车，并建议尽快将产妇送到医院。

车行至吕厝路口时，正好是红灯，郭义华想也没想就闯了过去。到了莲花路口时，又遇上红灯，这次郭义华向路边的交警求助。在得知公交车上的情况后，一名交警立即予以放行。然而，就在此时，郭义华的车子擦到了马路牙子，一个后轮爆胎。一心想把产妇送往医院的郭义华顾不上这些，朝着中山医院继续狂奔。

车行至福联饭店附近的红绿灯时，郭义华再次向交警求助。一名原本在123路公交车前等红绿灯的的哥听说车上有产妇时，立即给郭义华让出车位。在交警的帮助下，郭义华顺利将车开到了中山医院。此时，医务人员已经在门口等候。

亲生父母　都不知道已怀孩子

前日晚上，在确认产妇和孩子平安后，郭义华才离开医院。后来，刚当上父亲的小李发短信告诉郭义华，是个女孩，并感谢他的帮助。

昨日下午，记者来到中山医院时发现，产妇小王已经可以下地行走。小李告诉记者，他并不知道小王已经怀孕，小王自己也不知道此事，两人根本没有做好迎接孩子到来的准备。小李和小王均来自外地，刚在厦门工作了几个月。前日，两人到堂哥堂姐家玩，随后便乘123路公交车回家。

“上车后，她说有些头晕，便找了一个位置坐下。”小李说，小王随后发现身上有血，待他转过身来时，发现小王手里竟然抱着一个孩子。小李的堂哥告诉记者，小李小王还不到 20 岁，可能不懂得生育方面的常识，加上小王有点胖，所以才一直未发现小王怀孕。目前，小李已经向工厂请假，专心照顾小王和孩子。

从头版头条的导读标题来看，这则新闻的重点应该是“少女不知道自己怀孕，意外在公交车上生下孩子”的故事，但新闻内容的着力点却是在赞美司机、热心大姐和交警护送产妇去医院的高尚美德，似乎有“文题不符”之嫌疑。

至于该少女怎么生下孩子，记者的报道含糊不清。司机得知有人产女，文中的交代是：“一名乘客突然告诉他：一名乘客在车上突然产下了一个婴儿。”公交车上乘客如何得知有人产女，文中并没有直接交代，而只有这样一句：“据车上乘客反映，女子产子时，并未听到她的叫喊声。”既然产妇在分娩过程中没有叫喊声，乘客又是怎样发现有人产子呢？乘客中是谁最先发现有人产子呢？乘客发现有人产子后又是什么反应呢？车上当时的情形如何？记者都没有交代。

而当事人对怎么生下孩子的表述，更是完全不能令人信服。在产妇小王身边的小李对生下孩子的描述是：“‘上车后，她说有些头晕，便找了一个位置坐下。’小李说，小王随后发现身上有血，待他转过身来时，发现小王手里竟然抱着一个孩子。”这中间有几个疑问：第一，小王是站着还是坐着，离小李有多远？第二，小王发现身上有血到生下孩子花了多长时间，是一下子就生出来了吗？第三，小王发现身上有血说了什么没有？生下孩子说了什么没有？第四，小王生孩子时痛吗？为何没有叫喊？第五，小李“转过身来时”花了多长时间？他为何要转身呢？是听到小王说身上有血吗？……

那么，这个新闻是真实的吗？这个版面上有记者拍摄的图片，图片的文字说明是：“孩子睡得很香，郭师傅（抱孩子者）说，她跟自己有缘。”根据该文字说明，则可明确知道图片上的两个人物的身份：英雄救美的主人公郭师傅，公交车上产下的婴儿。那么，郭师傅旁边站着的女孩子是谁呢？记者没有交代，也没有在其脸上打马赛克。当然，与此事没有关系者不会出现在这张图片上，图片上的女孩稍显稚嫩，不大可能是热心大姐，那么则应该是小王（孩子之母）。图片由记者拍摄，则说明记者与产妇小王见了面，那读者可能还有这些疑问：记者采访小王了吗？询问了小王是怎么生下孩子的？小王是否知道自己怀孕了呢？小王发现停经数月了吗？为何通篇文章都没有产妇小王说的话呢？

此外，文章似乎还应交代以下内容：小李小王的真实名字叫什么？小李小王究竟是什么关系？他们结婚了吗？生下孩子后，他们打算怎么办？既然是真实报道，且记者与产妇见了面，为何这些内容都统统不交代？主人公的真实姓名不交代，着实令人怀疑其真实性。

值得注意的是，在“小李的堂哥告诉记者，小李小王还不到 20 岁，可能不懂得生育方面的常识”这句话中，透露了一个重要信息：小李小王都不到 20 岁，他们生下孩子，有违反有关法律吗？有违背基本道德吗？该记报者当天在报纸上发表的记者手记是《他们的喜事　厦门的喜事》，那么是对他们这种行为进行鼓励吗？报纸编辑和报纸有关负责人同意发表此文，则也是持支持态度？另外，两个未婚的年轻人在厦门生下孩子，咋是厦门的喜事呢？是不是太牵强了？

该报第二天又用了近一整版篇幅进行了后续报道，着力点却是在公交车司机郭师傅和交警身上，对小李小王生下孩子后面的事儿几乎只字不提。

该报为何对读者的质疑不作回应呢？这则报道的真实性真令人难以信服。

笔者通过微博联系上该报总编辑，对方对诸多疑问没有回复，只是冷冰冰地答曰：此事是真的，由于小王还在中专学校读书，所以未用真名，若有疑问，可与有关记者联系。

果如此，“喜事”一说岂非是睁眼说瞎话？

从这个案例不难看出，该报道有哗众取宠之嫌，有关编辑在制作新闻标题时动机不纯。

“为人民服务”这对新闻工作者来说绝不是一句空话。新闻记者在报道选题、角度选取、素材筛选上都应注重服务社会、服务人民，注重凝聚正能量、传递正能量，让每一篇报道都有着正确的舆论导向。

准确方可避免闹笑话

为何记者采写的新闻报道会频频闹笑话呢？原因大致有：责任心不强，工作方式不佳，知识有欠缺。

真实是新闻的生命，也是一名新闻工作者应具备的最基本的职业道德。这个道理不少记者都清楚，在工作中恪守不渝。然而，在不少情况下，记者主观上并没有编造虚假新闻的想法，但报道却在某一点上失实了，不够准确，或闹了笑话，或授人以柄。试举几例报纸上刊载的新闻报道，其与事实的出入并不大，但却影响了新闻的真实性。

第一例，2012 年某中央媒体刊载的人物通讯《背篓背出的乡村学校——记湖北省恩施市新塘乡河溪小学教师田育才》。文中有这样一段："河溪小学位于恩施市新塘乡河溪村，四周环绕着大山，距离最近的双河集镇，也有 25 公里。一尺来宽的蜿蜒山路上，坑坑洼洼，落满了山崖上滚落的碎沙石，就是走惯了山路的村民，一趟来回，也得四个多小时。"乍一看，文字优美，描述有力，并无不妥。但若细心盘算一下，不难发现这段话的数据问题不小：河溪村距离双河集镇 25 公里，往返一趟就是 50 公里，村民竟然只要 4 个多小时。稍有常识便可知道，成人一般步行速度是每小时 5 公里，山路蜿蜒崎岖，即便是"走惯了山路的村民"也不可能每小时走 10 公里以上！该记者应该懂得步行速度的大致情况，其错误关键是没有仔细斟酌"一趟来回"。事实上，后文中记者在讲述田育才在双河集镇买瓷砖回学校时写了这样一句话："4 个小时的路程，他整整用了 6 个小时才走完。"可见，该记者闹笑话的原因在于"一趟来回"用错了。

第二例，2012 年某中央媒体在一版刊载的《教育阳光照进大山深处》。其开头是——"现在我们学校 8 个人一间宿舍，还有独立的卫生间；学校还经常组织拔河、乒乓球、羽毛球等各种比赛，开心得不得了。""今年暑假回到老家后，15 岁的初二女生马瑞芬见人就夸自己就读的河北石家庄赞皇县第二中学。”这是一篇反映大山深处的学校旧貌换新颜的稿件，开头用学生的原话来夸赞学校变化很自然、贴切。然而，“见人就夸”有夸张的成分，影响了新闻的真实性。一名初二女生放假回家后见人就夸自己的学校，她有事没事都夸学校？她不分对象和场合就夸学校？显然，这不太合情理。再说，记者和通讯员也不可能连续多天跟着这名女生，她是否真的“见人就夸”记者难以知晓。

第三例，《人民日报》2011 年 11 月 7 日刊载了一篇新闻稿《55 年师生缘　28 载母子情》，讲述的是宋金萍将小学老师钟炳堃接至家中一起生活。该文中有这样两句：“日出日落，平稳的节奏，一台老旧的黑色半导体日夜作响。”“由于和妻子都要上班，无法随时照顾老师，宋金萍给老人买来了半导体做伴儿，至今已经听坏了八九个，用废的电池不计其数。”半导体可以“日夜作响”、可以“听”？《现代汉语词典》对“半导体”的解释是：“指常温下导电性能介于导体与绝缘体之间的材料。”半导体可以在收音机、电视机以及测温上广泛应用，但半导体并不等于收音机。可见，该记者误以为半导体就是收音机，属于知识性错误。

此外，一些新闻报道从单篇来看并无不妥，但对比同一题材或事件的其他媒体报道，其准确性则要打个折扣。最明显的是报道中所涉及的数据，一些媒体在报道中不时发生“打架”的现象，以致读者分不清究竟哪个数据“靠谱”。比如，《人民日报》和新华社对“宋金萍将小学老师钟炳堃接至家中一起生活”一事的报道中，宋金萍给老人买的收音机数量不一致。《人民日报》的原文是“宋金萍给老人买来了半导体做伴儿，至今已经听坏了八九个”，而新华社是“宋金萍多年来一共为老师买了 7 台收音机”。虽然数据相差不多，但仍不失为瑕疵，影响了权威媒体的公信力。又如，在中国之声《新闻和报纸摘要》和新华社对“宋金萍将小学老师钟炳堃接至家中一起生活”一事的报道中，宋金萍的房子面积大小也不一致。中国之声《新闻和报纸摘要》称“宋金萍家是四十平的两居室”，而新华社则称“宋金萍一家三口与老师生活在一起，60 平方米的房子略显拥挤”，两者竟然相差 20 平方米。宋金萍应该持有房产证，其上应该有房子面积大小，他应该知道自己的住房面积大小，那媒体的报道咋相差甚远呢？

以上提及的新闻报道整体真实、部分失实，主要原因是部分语句表达欠准确或数据不准确，经不起推敲。

为何记者采写的新闻报道会频频闹笑话呢？原因大致有：一是责任心不强。有的记者为了省时省力，满足于使用现成的素材，写稿时没有进一步对稿件中涉及的有关事实进行采访核对；有的记者在写稿后如释重负，没有再通读一遍稿件自找“欠缺”，直接将稿件发至报社。

二是工作方式不佳。在如何避免出基本差错方面，一些记者没有掌握一套成熟的工作方法。通常来说，一篇新闻稿件完成后，记者应仔细核对稿件中涉及的人名、性别、职称、职务、年龄等内容，对各种数据更要“心存敬畏”。对于一些政策性较强的稿件，记者应该主动送审，即请有关部门或权威专家审阅，然后仔细分析审阅者提出的意见。对于长篇人物通讯，记者也可请当事人“先睹为快”，听听当事人的看法和意见，合理意见应采纳，要放下架子，不能怕丢了面子。

第三，知识有欠缺。记者并非全才、通才、天才，即便是自己较熟悉的报道领域也会有知识盲点，错误便在不经意中发生。

“常在河边走，哪有不湿鞋。”记者天天跑新闻，天天赶新闻，任务重且时间紧，“急就章”之下难免会一时疏忽。读者对于记者偶尔犯的小差错应给予理解，但记者并不能因此而放松对自己的要求。

再来说学生记者和通讯员的稿件。有的学生记者给校外媒体记者投稿，稿件中有好几个错别字，有的人名、地名、职务等关键信息也有差错，这无疑给人态度不端正、做事不踏实的感觉，从而影响到稿件发表，甚至影响到外出实习。从我的经验来看，一旦记者对学生记者没啥好印象，往往就会懒得阅读其投来的稿件了，甚至直接“封杀”，只看了邮件主题就直接删掉了邮件。

因此，对于学生记者和实习生来说，在写新闻稿件时，要把自己当作是正式记者，不能认为稿件投出后、发表前有记者编辑把关，他们有“火眼金睛”，即便有错误也会被消灭在萌芽状态。学生记者和实习生应严格要求自己，投稿前反复推敲自己的稿件，对于没把握的地方要多方核实，确保准确无误后再投稿。

第四章
采访故事汇

说新闻，要讲故事。写新闻，更要讲故事。一篇篇报道，反映了记者对新闻题材的选取与价值判断的水平，更反映了记者的新闻观；一次次采访，考验了记者对新闻事件的把握与处理能力，更考验了记者的责任与良知。从什么角度去报道新闻事件，用什么舆论去教育人和引导人，其实是每一个记者应该思考的问题……

两兄弟江城租房寻父

报社不大可能单纯地发“寻人启事”类的新闻，而记者又想为走失亲人的弱势群体鼓与呼，咋办？

在《楚天都市报》实习的某天晚上，我坐在部门热线电话旁，一边翻看报纸，一边等候热线电话。这时，我接听了一个求助电话，求助者是一名男子，没说几句话就哽咽了，在电话那头泣不成声。其求助内容大致是：春节后，他和父母从外地探亲回来，在武昌火车站下车后，父亲走丢了，至今未找到，希望报社能帮助其找父亲。

类似的事情太多，报社也不可能单纯地发“寻人启事”类的新闻。男子在电话那头不时哭泣，我被该男子的孝顺打动了，一边听其诉说，一边思索着如何帮助他。当听到他说“我和哥哥明天来武汉，租房住下来，不找到父亲不回家”时，我顿时联想到近期报纸上刊登的一些不孝子，整天游手好闲，没钱了便找其父母索要，不给就施以拳脚，甚至有的父母无奈之下搬家躲避。这对兄弟的孝，不正是对那些不孝子有力的抨击吗？同样是做子女的，差别咋这么大呢？于是，在电话中，我嘱咐他明天到报社来找我，且要带几张其父亲的照片。

放下电话，我便向记者汇报了这条新闻线索，准备按照社会新闻版开设的“亲情栏目”要求写稿。记者欣然同意了。

第二天，这对兄弟果然背着行李就来报社找我。他们穿着有些脏乱的衣服，衣服上有许多油渍物，脚上穿着便宜而破旧的运动鞋，一双手黑糊糊的像是没洗干净，身上还散发出刺鼻的味道。两兄弟实在太贫穷而邋遢了，这更引起了我的同情。

在办公室坐下来后，打电话给我的那个小伙子说，他叫王秀兵，是湖北新洲人。事情大致经过是：前几天，他和父母在广西姐姐家过完年回武汉，走出武昌火车站时人潮汹涌，当时他和母亲走在前面，父亲紧跟在后，但仍被人流挤出两三米的距离。不料，一名发“传单”的妇女塞给王秀兵一张纸，不明情况的他便顺手接了，拿起来一看却是张列车时刻表。这时，该妇女找王秀兵要3元钱，坚决要他买下。王秀兵死活不肯买，把时刻表强塞给了该妇女。双方为此纠缠了几分钟。

随后，王秀兵回头一看，吓傻了，父亲不见了！他连忙让母亲站在附近的一个电话亭旁不动，自己在那条路上找来找去，却始终没找到。当晚，他和母亲在附近几条街苦苦寻找，仍未果。无奈之下，他只得于第二天把母亲送回家，然后和哥哥一起来武汉租房寻父。面对记者，两兄弟一再表示，父亲对自己是如何慈爱，若找不到父亲这一辈子也不能原谅自己，不找到父亲就不回家，等等。

需说明的是，其父由于曾在车祸中受伤，伤愈后看似与正常人无异，但脑袋仍不太灵光，方向感不强，无法单独找到回家的路。

经分析，我认为这则新闻至少可以从三个角度作报道，写出三篇反映不同思想主题的新闻。其一，火车站外妇女强行兜售列车时刻表害人不浅，导致一老者走丢了；其二，春运高峰时期，武昌火车站附近流动人口太多，应注意看好老人、小孩，以免走散丢失；其三，两兄弟孝顺父亲，租房寻找走失的父亲。应该说，前两个报道角度就事论事，比较容易操作，第三个角度则有“做好事”的成分。经过与记者商议，我们决定从第三个角度来写稿，帮助这对兄弟寻找父亲。

由于这对兄弟没有手机，而在武汉的临时住处也没有固定电话，我便要求他们每天早晚都与我联系下，相互告知寻找的情况。随后，我便根据采访获悉的情况，写了一篇题为《两兄弟江城租房寻父》的消息。

报道见报后，连续两天都没有任何消息。第三天，向勇记者接到武汉大学人民医院宣传部打来的电话，称该医院接治了一个病人，重伤昏迷，很像报纸刊登的那个人。

“医生天天与病人打交道，讲究望闻问切，看人的特征都比较准，应该就是要找的王父。”记者要我前去辨认一下。

由于无法联系上王秀兵兄弟，我只身前往医院，对着照片仔细辨认，确实像是王父。当天，我们立即给王秀兵老家报了信息，并希望他们赶紧随我去医院。这中间还有一个细节：记者当晚问我是否有把王建波的病情告诉其家属，我回答：“有。”记者又问：“要是其家人不去医院认领咋办？考虑事要周详啊。”这个问题我还真没思考过，我顿时没了信心，但还是自我安慰地说：“应该不会。”王家兄弟没让我失望。

3月9日，王家兄弟、从老家赶来的其母、其舅来到报社与我会合，一同前往医院。

在病房内，其母一眼就认出了王父，失声哭了出来，并向我下跪致谢。我连忙扶住，而是让其感谢医生和护士……

经医院介绍，王父是被人送到医院来的，据称是在武昌火车站附近被车撞了，肇事司机已无影踪……

后来，我在采访中又掌握了一些事实：事故发生地附近一加油站拍摄下了肇事车，当地某派出所已经把监控录像调去看了，但却看不清车牌号码。记者和我以家属身份前往该派出所了解情况，却一无所获，警方不肯出示监控录像。由于缺乏相关确凿证据，我们只得作罢。

再说说躺在医院的王父。人虽找到了，新的问题却出现了：王父在重症监护病房一天的护理费便是一千多元，已住医院一星期有余，其费用谁出？王父病情已开始恶化，若再不及时治疗，则后果严重，但要先交医疗费。医疗费又从哪里来？从他们的穿着与样子来看，两兄弟就是砸锅卖铁也没办法拿出这笔费用。

于是，我壮着胆子拨通了该医院宣传部门负责人的电话，说明了情况，希望医院能否先救人，费用先搁在一边，我们在新闻报道中多写几句医院的好话。本来，我只想尽力而已，没有想到，此举竟然奏效了。医院果真先救人了。然而，由于王父伤势过重，终究无力回天。没几天，王父离开了人世。

医院索要各种费用，王家兄弟拿不出，又苦苦哀求我想办法。这一次，我又“故伎重演”，且又一次得逞。另外，某派出所也捐款三千元作为安葬费。当然，作为实习生，我也兑现了对医院的承诺，在报道中恰当地表扬了该医院。

就这样，王家兄弟顺利地把父亲运回家安葬，只给医院留下了一张欠条。由于报纸先后4次报道了此事，王家兄弟所在村的村委十分重视，还特意给王父举行了隆重的追悼会。

顺便提一下，事后王秀兵兄弟给报社编辑部送来了语句并不太通顺的感谢信，专门表扬记者和我，这封表扬信被部门主任张贴在办公室信息栏上。

时隔几月，早已结束实习回校的我接到王秀兵的电话，他在电话那头高兴地告诉我，他在武汉找到了一份工作，月薪一千多，而老板录用他是因为看到了“租房寻父”的报道。后来，我又接到了几次王秀兵打来的问候电话。再后来，我到福州工作，更换了号码，便与其失去了联系。有时我也在想，这两兄弟还好吗？

在这起新闻事件中，我的做法亦算是“以权谋私”，给处于弱势地位的王家兄弟谋“私”了。此事也提出了一个命题：记者或实习生在采访中能否顺便为弱者谋取一些实实在在的好处？这种行为又该如何拿捏分寸而不影响到新闻的客观公正？

再回首，这组报道在采写中有“青涩”之处，但却记录了我与向勇记者用笔杆子帮助一个普通家庭的故事。尽管，做得不够多、不够好。

附文 1：

两兄弟江城租房寻父

本报讯（记者　向勇　实习生　龙超凡）“麻烦你一定要帮我，要是找不到父亲，我一辈子都无法原谅自己。”昨天中午 11 时许，一个头发蓬松的小伙子抓住记者的手，哽咽了。

这个 32 岁的新洲人叫王秀兵。今年 3 月 1 日 12 时许，在广西姐姐家过完年的王秀兵和父母走出武昌火车站时，王秀兵被一卖列车时刻表的妇女纠缠一番。等他脱身时，发现一直跟在身后的父亲不见了。

王秀兵急得大喊，四处寻找，但两个小时的努力，始终不见父亲的身影。

把母亲送上回新洲的汽车后，王秀兵折回来继续寻找父亲……直到次日下午，他滴水未沾。“父亲这么大的年纪，我怕他有个三长两短……”王秀兵的眼泪直淌。

前天，王秀兵的哥哥背着被子、带着简单的生活用品也来到武汉，兄弟俩在武昌火车站附近租了每晚 6 元一间的两个床铺。“我们这次不找到父亲，绝不回家。”

记者附言：

王秀兵的父亲叫王建波，今年69岁，身高1.60米，头发全白了，走失时身穿深蓝色中山装，下穿黑色裤子，脚穿解放鞋。请能提供线索的读者，及时与记者联系。

（原载《楚天都市报》2005年3月6日）

附文2：

王家兄弟寻父悲喜交加——

老父遭遇车祸　至今昏迷不醒

本报讯（记者　向勇　实习生　龙超凡　通讯员　向吉刚）“是我家的。”昨日上午，武汉大学人民医院脑外科病房，王秀兵60岁的母亲徐祝英一见到昏迷中的老人，顿时晕倒在地。

3月1日，从广西探亲回来的新洲人王建波在武昌火车站走失，两个儿子在武汉租房寻找（本报3月6日报道）。8日上午，武大人民医院给记者打来电话说，该院脑神经外科收治了一市民送来的病人，很像报道中的王建波。

据脑外科郑必全教授介绍，该病人是3月2日凌晨被市民送到医院来的，据称是在武昌火车站附近被车撞了。病人伤势严重，昏迷不醒，医院立即进行了抢救。

终于找到老父，却是这般惨状，王焕兵泣不成声：“父亲是老党员，参加过抗美援朝，退伍后当了20多年的村干部，没想到老来遭到这样的祸事。”

（原载《楚天都市报》2005年3月10日）

附文 3：

肇事车主，你在哪里？

本报讯（记者　向勇　实习生　龙超凡　通讯员　向吉刚）江城租房寻父，找到的老父却躺在病床上（见本报 3 月 6 日、10 日报道）。是谁撞伤了王建波？昨日，王家兄弟已向警方报案。

武大人民医院急诊室当班医生回忆说，王建波是 3 月 2 日凌晨 5 点左右被 3 个人送来的，他们为王建波挂了号，但趁医生抢救病人时偷偷溜走。那 3 个人开着绿色面包车。登记时，他们自称是江夏区人民医院的，并留下了联系电话。经查，该号码属于江夏区人民医院行政科，但该科工作人员称，不知道任何有关王建波的事。

院方称，王建波需要马上手术，否则有生命危险。王家兄弟失声痛哭："我们家没有钱啊！肇事车主，请你出来救救老人家吧。"

（原载《楚天都市报》2005 年 3 月 12 日）

附文 4：

王建波昨晨去世

本报讯（记者　向勇　实习生　龙超凡　通讯员　向吉刚）新洲人王建波在武昌火车站附近走失，不幸遭遇车祸（本版曾多次报道）。昨日凌晨，王建波去世。

王建波的遭遇经本报报道后，连日来，不断有市民来到武汉大学人民医院探望他。前日，下岗工人韩本洲买来毛巾、香皂等生活用品，其 7 岁的儿子还掏出积攒下来的 10 元零花钱。一些病友家属也捐了一些钱给王建波。

王建波的儿子王秀兵泪流满面地说，医院在没找到亲属的情况下，尽力救治父亲，真是大仁大义。"郑必全教授掏钱为父亲买过牛奶，护士给父亲喂汤喂水……我要感谢所有的好心人。"

（原载《楚天都市报》2005 年 3 月 15 日）

医疗广告坑害打工仔

患者看到报纸上刊载的医疗广告后前往治疗，被坑了，民办医院有明显过失。作为实习生，你报道此事吗？

一些读者分不清楚报纸上刊载的内容哪些是新闻、哪些广告，甚至有人对广告内容深信不疑，以为广告的产品就是名牌，广告的承诺就是事实，“否则不会刊登在报纸上”。

在报社实习时，我曾经接到一名外地来武汉打工的小伙子电话，对方称：他看了某报刊登的一则“治疗狐臭”的广告，广告中说割狐臭只需 50 元，且不用缝针，随治随走。小伙子信以为真，前往广告上载明的一家医院治疗。该小伙子左右边狐臭分别由两名医生操刀动手术，其中右边缝了七八针。结账时，小伙子被要求付了 400 元。原来，医院称割一边腋窝狐臭 50 元、药费 150 元，两边腋窝狐臭自然就是 400 元了。虽有点被宰的感觉，小伙子迫于无奈付款了。哪知回家后，右边腋窝发炎溃烂了。小伙子几次与医院协商，对方同意继续治疗，但医药费仍要自掏腰包……

经请示报社记者，我决定对此事进行采访，帮助这名无助的小伙子。首先，我对小伙子进行了采访，详细了解了事情的来龙去脉，并要求其把在医院治疗的相关票据收集好，以此作为证据。

随后，我约这名小伙子一起来到该医院。这是我第一次到医院采访负面报道，内心颇为紧张，但仍装作一副成熟老练的样子。我先让小伙子带我去找主治医生，结果只找到了值班医生。在收费票据面前，值班医生承认是割狐臭的收费。在小伙子及其他人证面前，值班医生不得不承认了割治狐臭分别由年轻、年老两名医生进行。值班医生不肯说出的真相有两点：其一，患者右边的腋窝开刀后有缝针；其二，操刀割右边腋窝狐臭的年轻医生已申请到其他医院工作，其姓名、现工作单位不便透露。

由此，我当时便猜测：这名年轻医生可能是实习生，并不具备医师资格。由于患者病发，该医院赶紧让其走人，以便“死无对证”……

正在核对细节时，该医院一名负责人走进来，面带微笑地和我亲热地打招呼：“龙记者，你来医院也不和我先打个招呼，到我办公室坐坐吧！”我回答说：“好的，我正要采访医院负责人呢。”

在挂着院长牌子的办公室，我又对事情的来龙去脉进行采访，并就两个关键问题重点询问。院长起初不承认手术后缝针一事，后来改称三四针，再后来坦承有七针。对于那名年轻医生的来历，该院长信誓旦旦地说其确实是医生，只是已调往别的医院了。我要求院长提供这名医生到医院工作的相关档案，院长也支支吾吾说什么也不肯拿出来。

采访至此，我也知道已经可以写一篇精彩的报道了，而继续追问亦不会有结果，便结束采访告辞。院方一再希望我留下联系方式，以便沟通，我也爽快地答应。我心知肚明，院方大概想“和谐”我。

果然，我离开医院没多久，该医院有关人员便致电给我，希望邀我一起吃个饭，或找个地方喝茶，我婉拒了。在回报社的公交车上，该医院又多次打电话给我，表示一定要约见我，因为有些事聊聊，希望我不要做报道。面对对方再三求饶，我心软了，答应暂不做报道，其前提是妥善处理这起医疗纠纷，给患者一个交代。

回到报社后，我向记者如实汇报了采访情况，他也同意暂不报道。过了两天，这起医疗纠纷“圆满”画上句号。这个小伙子打电话告诉我，他打着我的旗号要求医院赔款 2000 元，医院照办了。

多年来，我一直在想，此事如果我写成了报道且刊发，后果会咋样？我猜想，若报社敢于刊发此稿，稿件很可能会放置在重要版面和版位，报道甚至会引起相关部门的关注，进而写出一系列追踪报道。该医院的声誉及效益肯定会受到影响。

报社记者为何当时也同意不发稿呢？我估计大致有三点：第一，此类医疗纠纷挺多，事情并不算大，花费大力气去“管”吃力不讨好。第二，由于采访完全由实习生完成，记者并不放心，因为稿件稍有不慎就会惹官司。第三，出于保护实习生。大型民办医院一般有一定的“背景”，或资金雄厚，报道其负面新闻可能会有“后遗症”，比如报复、恐吓……

我反思这次采访经历，至少有以下几个不足之处：第一，采访未录音。采访中，院方几名接受采访的人前后说法不一致、相互说法也不一致，正是新闻的“看点”“卖点”。然而，这类负面报道若未录音，对方可矢口否认，而记者采访记录不足以为证据，那时真是有口难辩。

第二，采访结束后不应答应“暂不做报道”。被称为“新闻教育第一位大师”的徐宝璜在《访员应守之金科玉律》一文中说：“有请勿登载某事者，宜答以最后之决定，权在编辑，不可轻率之。尤不可受贿，为他人隐藏。”在采访中，我没有接受任何宴请或礼品，原本可以理直气壮地报道此事，但面对对方连续打来的电话，我放松了警惕，许诺不刊载，实在不妥。

第三，心存顾虑。由于我多次听闻记者外出采访负面报道而被恐吓、被报复，便对写这种“纠纷新闻”有畏惧之心。事实上，我仍然把自己的学生身份摆在第一位，实习生身份摆在第二位，毕竟记者遭报复有报社撑腰，而实习生则可能无人过问，合法权益无从保证。

若说此次采访的收获之处，除了这些“失败经验”外，大抵是帮助了一名素昧平生的小伙子打赢了一场“医疗纠纷官司”，讨回了一个公道。

然而，这些虚假的医疗广告仍不时见诸报端，受骗者又何止一两人？单靠记者之力，又岂能忙得过来？

流浪女冻僵在公厕

面对路边摔倒的老人，你可能不敢扶。一妇女在公厕里救了一条命，但也有不当之处，你准备怎么写报道？

某年冬季，我在报社实习，一读者打来电话报料说，武汉市武昌区一个社区公厕里躺着一个妇女，发现时已冻僵了，被该社区里妇女尹女士救醒了。醒来后，该妇女虽知道自己姓甚名谁，但不知道其家人情况，更不知道家住何处。

恰巧报社那阵子社会新闻版热衷于报道好人好事，在获得记者同意后，我便独自前往采访。

赶到该社区，我很快获悉，报料者便是救人者。事情大致经过如下：那天晚上，尹女士在小区扫地，一个小女孩跑过来跟她说："厕所里死了一个人。"尹女士借助厕所里一盏昏暗的灯，发现潮湿的厕所里躺着一个妇女，一动也不动。刘女士被吓了一跳，第一念头也是"厕所里死了一个人"。她用脚轻轻地碰了一下妇女，那人动了一下。"原来她还活着！"尹女士和他人连忙合力把妇女抬回屋里，给妇女盖上一床厚厚的被子，然后煮了一碗热腾腾的面条。终于，该妇女在被子的"捂热"下恢复了知觉，吃了面条，完全恢复了，但却像一个失忆者一样什么也不知道……

随后，我便在尹女士的陪同下去采访这名"冻僵女"。其时，她依偎在床上，神志仍不太清楚。面对我的提问，她倒是能知道我提问的内容，却答不出来，只知道自己叫什么却不知道家庭住址，对于怎么来到武汉也浑然不知，只知道儿子、女儿的小名。原来这是一名神志不清的流浪女。

没用多久，我便在脑中勾勒出了这则新闻：某社区妇女尹女士在公厕里救了一名冻僵女，不料对方是一名流浪女。尹女士向报社报料，不是为了自我褒奖救人义举，而是流浪女的安置问题令她头疼。

然而，我心中仍有一些疑问：流浪女住处并不像是尹女士家，那么流浪女住在谁家？被救醒的当晚又住在谁家？其旁边还有谁？对此，尹女士犹豫再三，支支吾吾，不愿说，也不肯说。在我再三追问下，尹女士最终和盘托出：社区里有一个丧妻的单身老人，流浪女当晚就安排在其家中……

由于单身老人家只有一张床，我便没有继续问下去。那个流浪女那天晚上究竟发生了什么事情，我至今也不知道。我带着这个疑问结束了采访。

回到报社，我向记者详细汇报了事情原委，却对流浪女的住宿问题只字没提。在稿件中，我更是忽略了此“细节”，但这并不影响新闻的真实性。

第二天，我采写的新闻便在报纸上刊登了，在肯定刘女士救人义举的同时，也有意帮助流浪女寻找亲人。在连续作了几篇报道后，几经波折，流浪女的亲人终于找到，便将其接回老家了，事情圆满收场，可谓皆大欢喜，也没有任何“后遗症”。

事后，我亦在思考：我有意忽略了流浪女的住宿问题，究竟对不对。诚然，尹女士出于好心救人值得颂扬，若非尹女士出手相救，该流浪女十有八九熬不过那个寒冷的晚上。尹女士救了一条命，一条几乎就要被阎王带走的命。但她把流浪女安排到一个丧妻的单身老人家中住宿，是否同住一屋没去求证，但其做法肯定不妥。

我估计，面对冻僵女时，尹女士的脑海里只有一个念头“救人要紧”，却不料对方是一名神志不清的流浪女。于是，难题摆在了她面前：流浪女的住宿、吃饭问题怎么解决？如何送走这名流浪女？按说，尹女士把人救活了，就没有自己的事了，却不料给自己带来一系列麻烦。尹女士原本可以把流浪女带到远一点的地方，然后自己“消失”了，但她没这样做，她选择了给媒体报料。

在我看来，尹女士的“大义”比起“小失”来说仍占上风，完全不影响其本性之善良、品格之高尚。尹女士已经尽了力，不能再求其“高、大、全”的形象，圣人也难免有缺陷，有过失。倘若，我在采访时指责尹女士的做法不妥，或又在报纸上公然批评，估计她会因救人义举而悔恨，其本人及其身边的人恐怕再也不敢当好人、做好事了。

现今，好人难做，因为事发突然而好人由于过于情急，难免在做好事的过程中有些不恰当的举措。对此，是该褒奖好人还是该指责好人？

翻开报纸，不时会发现这样的报道：一些病人情况危急，而家属不在身边，医生出于对病人负责的态度救治垂危的病人，结果运气不佳没抢救过来，病人去世了。其家属闻讯后前来闹事，其最大理由是：未经家属同意签字，怎能私自抢救动手术？这样的官司，医院、医生几乎都是败诉。如今，医生们对此经验丰富，即使病人病危，只要家属未签字，便不抢救，哪怕有挽救生命的希望。

现今，面对路边摔倒的老人，扶或不扶？这么简单的问题却变得异常复杂了。谁之过？

让好人敢于做好事，何其难也！当时，我采写稿件时忽略了尹女士救人义举的不足，或许我也有不当之处，但我并不因此而遗憾。

顺便交代下，后来我和记者还做了两篇后续报道，亲人终于将其接回家。

附文 1：

一碗热汤面　救醒冻僵人

本报讯（记者　向勇　实习生　龙超凡）昨日，一外地迷途妇女饥寒交迫，冻僵在武昌紫阳路水陆社区一公厕内，幸被人及时发现，救醒过来。

昨天下午6点，尹女士在水陆社区友友理发店门口扫地。这时，一个小女孩慌张地跑到跟前说：“厕所里死了一个人。”

厕所正好在理发店的斜对面，尹女士赶紧跑进女厕所一看，一妇女衣着单薄，倒在潮湿的地面上，一动也不动。上前拉了一下，该妇女动了一下。“还活着！”尹女士一阵高兴。“天这么冷，这么躺下去，肯定会冻死。”尹女士想。

尹女士试图将她抱出来，但力气小抱不动，便叫来扫厕所的王爹爹帮忙。随后，将妇女安置在一老人家中，并从自己家中拿来衣服给她换上，盖上厚厚的被子，过了一会，她终于苏醒过来。

吃完煮的一大碗热汤面后，该妇女号啕大哭起来，她说，自己叫肖金容，黄州人，今年 48 岁。记者问她家还有哪些人，她似乎有点神志不清，半天才说丈夫叫程志鹏（音），儿子叫东东，女儿叫霞霞。

对于怎么来到武汉，又为何倒在公厕里，肖金容全然不知，她断断续续地说，自己好像到过湖南长沙，钱都给了另外一个女人了。估计肖金容是被人骗了钱，精神受到刺激。

附近居民说，几天前，曾在社区里看见肖金容睡在车棚里。

记者希望，肖金容的家人看到报道后，快来武汉接她回家过年。

（原载《楚天都市报》2005 年 1 月 29 日）

附文 2：

亲人认出她来，但她再次走失

肖金容，你在哪里？

本报讯（记者　向勇　实习生　龙超凡）迷途妇女肖金容被冻僵在公厕内，幸被人救活。昨日，武汉市江夏区纸坊人陈志勇证实，肖金容就是他嫂子，但肖金容已再次走失。

两天来，先后有 4 位读者来本报编辑部，辨认记者所拍的肖金容的照片，但均确认照片上的肖金容不是他们要找的人。

昨日下午，陈志勇仔细辨认相片后确认，被救妇女正是其嫂子肖金容，其丈夫名叫陈志鹏，有儿女，小名分别叫东东和霞霞。陈志勇说，肖金容是黄冈人，有间歇性精神病，去年 5 月初突然离家出走，此后再也没有她的消息。

但记者昨日了解到，肖金容已再次走失。救活她的尹女士说，前天下午两点半左右，肖金容说要出门买东西吃，但一出去就没有回来。

陈志勇十分痛惜。他估计肖金容仍在复兴路一带，希望发现肖金容下落的人能及时通知他。

（原载《楚天都市报》2005 年 01 月 31 日）

附文 3：

亲人找到了肖金容

本报讯（记者　向勇　实习生　龙超凡）《楚天都市报》昨日报道肖金容走失并刊出照片后，昨日从江夏传来好消息：肖金容已被找到。

昨日上午 11 时许，三角路附近一家餐馆的冯老板发现其餐馆旁有一妇女，很像《楚天都市报》刊登的肖金容，便立即打电话通知了江夏的陈志勇，同时还留住了该妇女。

陈志勇立即赶到三角路，一眼就认出了该妇女就是他嫂子肖金容。随后，陈志勇将肖金容带回江夏区。他今天将把嫂子送回黄州老家。

陈志勇说："当我把这个好消息通知哥哥和侄子时，他们高兴得哭了。"他一再要求，希望借《楚天都市报》，代表他哥哥一家，感谢救他嫂子的尹女士、冯老板，以及所有关心和热心帮助过肖金容的好心人。

（原载《楚天都市报》2005 年 2 月 1 日）

清洁工倒欠老板工资

给老板干体力活儿，却倒欠老板钱。记者介入后，当事人请求不报道，否则要丢掉“饭碗”。

如果你是一名记者或实习生，当你采访到一条“有意思”“很滑稽”“很反常”的新闻，这条新闻也比较容易见报，你会放弃写作和发表它吗？或许，你会说，要就事论事，不能一概而论。

几年前，在报社实习时，我便有此经历，在是否发稿之间，我确实徘徊了，犹豫了，最终也放弃了写作。

那一次，报社记者转给我一个线索，事情大致是这样的：在武汉打工的张女士，在武汉某家政公司从事保洁工作，每天负责打扫几个自动取款机的卫生及擦洗玻璃。当时，张女士这份工作每月工资大约六七百元。很长一段时间，张女士工作中并没有什么差错。那年春节到了，按照国家休假规定，张女士回到湖北西北部的老家去过年。不料，春节后大雪封山，张女士没办法按时返回武汉，只得打电话向公司经理请假，对方也同意了。待冰雪融化后，张女士立即回到武汉，此时已请假近10天。该公司经理根据公司的“有关规定”，不仅扣除了张女士上个月的工资，且结算后张女士尚欠公司好几百元。

清洁工倒欠老板工资，这无疑是一条抢眼球的好新闻，其新闻价值绝对不亚于一个普通的车祸或者一个女子因失恋跳河。

这条线索来源是张女士打给报社的求助电话。很快，我便联系上了张女士，见面后详细了解事情的了前因后果。新闻必须客观、公正，不能偏向某一方，特别是涉及纠纷的新闻更不能只听一面之词。所以，在张女士的指引下，我来到武汉某大厦采访该公司经理。

我说明由来后，对方也承认确有此事。我问对方：“为何扣掉一个月工资后，张女士倒欠公司数百元?”对方称，公司有规定，旷工或者上班期间请假都要扣钱，只是扣钱多少不一样。我请对方出示公司有关文件，对方却支支吾吾拿不出来。我猜测，对方可能有纸质的文件，但不敢拿出来。于是，我便问："您觉得这个规定是否符合《劳动法》？张女士这样的特殊情况，单位准备如何处理？"对方思考了片刻后说："如何处理我们要研究一下。""大概什么时候会研究出来？"……

采访中，该公司经理一直在敷衍，打太极，虽说没有拒绝采访，但总是尽可能地回避问题或不正面回答问题。

但对于这样一个事实清楚的事件，该公司经理不论是否正面回答问题都不影响稿件的写作，我只需把采访的内容如实写出来即可，再采访一个律师，就此事谈谈观点，一篇好新闻就诞生了。另外，该公司经理的不明确表态，使此事还有做后续报道的空间。应该说，这是一个不错的社会新闻，因为它不合乎常理，属于"新鲜事"。而且，这则新闻也体现了报社"为弱势群体说话"的责任与使命。

然而，当我离开这家公司后不久，张女士就给我打来电话，大意是：公司经理刚和她谈了，表示鉴于情况特殊，她上月工资一分不少地照发，而罚款也免了。但是，她希望记者不要报道此事，否则她的饭碗就可能丢了。

我心里十分清楚，这个电话是该公司经理要求她给记者打的，甚至她打电话时，其经理就在一旁。

徐宝璜先生在其著作《新闻学》"访员应守之金科玉律"中说："有请勿登载某事者，宜答以最后之决定，权在编辑，不可轻许之。尤不可受贿，为他人隐藏。"然而，或许是出于同情心，抑或是采写经验不足，我在电话中初步同意不报道。后来，我就此事请示了给我线索的那位记者，他也同意不写此报道。

那天，我的内心也是十分矛盾的：不报道，白白跑了大半天，浪费了一条不错的新闻；若报道，张女士的"饭碗"砸碎了怎么办？考虑到我不能帮助其找到一份工作，我只得放弃了。

事后想起这次采访，我毫不怀疑自己当时的判断：这个事件应该作报道的，且可作连续报道。若报道出来，这家公司乖巧地改正不当行为，我可以写一个"事件进展"；若这家公司辞退张女士，我可以写一个辞退的稿子，且在稿件中体现劳动保障部门的意见，以敦促这家公司纠正违规行为，甚至可以倡议其他用人单位为张女士提供一个工作岗位。但是，如果这家公司采取“慢性辞退”，即在事后一两个月随便找个茬辞退她，那记者就可能鞭长莫及了。因为这件事不大，记者隔几个月后再报道的可能性较小。

那时，微博尚未“出世”，否则我会果断地给报社写稿，同时在报社允许的情况下，及时在微博上发布我采访到的第一手材料，动态地更新事件的最新进展。如果公司当即辞退清洁工张女士，则可以在报纸上作后续报道，即便是“慢性辞退”，也可以在微博上发布信息，借助网络媒体的力量解决张女士的工作问题。

或许，这次采访放弃写作是一个不成熟的行为，不是一个称职记者的行为。但是，我从未后悔过。

减肥店按斤论价

采写有争议新闻时，记者要客观看待新闻事件，要让正反两方都说话，素材筛选上要平衡，不能有意无意地偏向或袒护某一方，而且要保证新闻整体真实和部分真实。

这是实习时向勇记者转给我的一个线索：某女士向报社投诉称，在汉口某“专业减肥”店接受“训练”一个月后，体重却多出半公斤来。

很快我便与当事人肖女士联系上了，约定在汉口见面。碰面后，我向肖女士详细了解了事情的起因、经过、结果，然后在其指引下找到了这家减肥店。

来到店前，就见其门口招牌上写着：“减 5 斤 200 元，减 10 斤 300 元，减 20 斤 500 元，无效退款，包掉秤。”而此前，肖女士称减肥训练主要靠“点穴按摩”，少吃或不吃东西。于是，我在内心里认定这种减肥方法不具备科学性。

进入店内，老板正好在店内，我便就“肖女士减肥反增肥”一事采访。老板称，所有来减肥的顾客都表示效果很好，肖女士增肥是因为没按“食谱”要求做。我要求采访其他顾客，但老板以不能打扰顾客为由搪塞。

我又请老板出示工商执照和卫生许可证，询问按摩技师是否有相应技师证，结果对方无法出示。

这样一家“三无”减肥店，按道理是不该存在的，更不能营业的。我如实写了报道，但记者慎重考虑，还是把减肥店的名字也删去了，而用“某”代替。这也是记者给自己留了一条“后路”。

还真亏留了这条“后路”！因为稿件见报当天，该减肥店老板打来电话称，肖女士肯定是其竞争对手，你们记者肯定是被对方收买了，所写的报道不真实。该减肥店老板还扬言到报社、到法院告我，称“此事没完”。

我有点慌张了。毕竟，这是我第一次遭遇被报道单位威胁与恐吓！

我立即向记者汇报了此事，记者毕竟见多识广，久经考验，一下子提出对策：第一，我们记者没收取投诉者任何钱财，对方要凭证据说话，否则可状告对方诬陷罪；第二，减肥店“三无”的证据确凿，他们本身就理亏，就该被取缔，告到哪里都不要怕；第三，我们在报道中已经隐去了其店名，给其留了余地，应该知趣。

当天，该老板多次给我挂电话，我便以这三个对策予以还击。最终，此事不了了之。

虽说对方没再纠缠，但我和记者还是进行了反省，找出了稿件存在的一些不足。比如，记者不能靠素材筛选去判断这个减肥方法是否科学，而应采访一两位健康方面的专家，请他们谈谈观点。这样报道就更客观，就更能站住脚。

至于肖女士是否是该减肥店的竞争对手，我们是否被其利用了，由于没去调查取证，也不敢妄下定论。但也有可疑之处：一般投诉者都希望商家赔偿，而肖女士没有提出这个要求。

讲这个不大成熟的采访故事，旨在引起在职记者和实习生注意，遇事要多角度思考，千万不能成为一方打击另一方的“棋子”“枪手”。同时，采写有争议新闻时，记者要客观看待新闻事件，要让正反两方都说话，素材筛选上要平衡，不能有意无意地偏向或袒护某一方，而且要保证新闻整体真实和部分真实。

若遇到被曝光单位不服气，打电话前来质问，记者和实习生也不要乱了阵脚，首先要认真反思报道是否存在“漏洞”“把柄”，然后心平气和地用事实说话，说明事件原委，做到不卑不亢、有礼有节、有理有据。

附文：

汉口一减肥店按斤论价

老板秘诀：不吃东西自会瘦

本报讯（记者　向勇　实习生　龙超凡）接受所谓专业减肥“训

练”一个月后，体重却多出半公斤来。汉口肖女士昨向记者反映了此事。

肖女士家住汉口江岸区，去年12月下旬，她参加了江岸区北京路某“专业减肥”的减肥训练。她说，所谓的“训练”，就是每天接受半个小时的点穴按摩，以及按照减肥店要求，早上和中午不吃任何东西，晚上吃少许面条、蔬菜、水果之类的食物。

记者昨日下午在该减肥店看到，其门口招牌上写着：减5斤200元，减10斤300元，减20斤500元，无效退款，包掉秤。

该店老板称，开业以来共有86人参加了减肥。对于肖女士没有“掉秤”的原因，该店一老板称，这要怪肖女士没有按照“食谱”要求做。

该老板笑称：“只要是正常人，如果真正早上和中午不吃饭，即使不按摩，一个月下来也要掉几斤，怎么可能增加呢?”

据了解，开专业减肥店通常需要办理工商执照和卫生许可证等，但这家减肥店已开张两个多月，却一个证都没有。老板称正在办理中。另外，该店6名“按摩技师”都没有资格证。

记者就此采访了江岸区工商局和卫生局，两家单位均表示将对该店进行调查处理。

（原载《楚天都市报》2005年1月27日）

少女街头跪求路费

仔细观察那些“跪求路费”“求钱吃饭”的年轻人，便可以发现：他们眼睛里哪里有一点点走投无路、需要救助的眼神?!

火车站附近向来是新闻“富矿”，是社会新闻的重要“发源地”，譬如的士拒载、饭馆宰客、财物被偷、强买强卖、坑蒙拐骗、敲诈勒索等就时有发生。可以说，任何有经验的记者在火车站附近走几圈、蹲一天，都能发现有价值的线索，采写出有价值的新闻。

我在市民报实习时，就经常到武昌、汉口火车站附近采访。记得有一次春节前，我在汉口火车站附近就看到这样一幕：一个十五六岁样子的少女，一副学生装，背上背着一个书包，跪坐在人行道上，面前摆着身份证和学生证，还用粉笔在地上写着“跪求56元返乡路费”。

正值打工者返乡高峰，不少路过的好心人纷纷解囊，有给一两元的，也有给5元、10元的，还有的把随身携带的苹果、橙子放到少女的面前。

我站在旁边观察的那会儿，见好心人至少义捐了近百元，而少女则趁没人时把钱往口袋里装。

那时，我也天真地认为，这个少女真是没钱遇到困难了，真可怜。考虑到自己怀揣报社实习生证，而且我也热衷于报道好人好事，便想帮助这个少女返乡。

我走上前去，蹲在少女对面问：“你是哪里人？没有回家的路费了吗？刚才她们捐的钱够吗?”

少女没有吱声。

我接着说：“我是报社记者，你有什么困难可以告诉我，我尽力帮助你。”

少女还是没有吱声。

我继续说："我若解决不了，我可以打110，请警察帮助。"

少女仍旧没有吱声。

难道是聋哑人？我心想。

于是，我拿出照相机对着少女拍照，正在调焦距时，少女一下子跳起来喊道："不要拍！""不要拍！"少女赶紧把钱和水果装进书包，用鞋擦地上的粉笔字，然后抬脚就跑了，边跑边回头盯了我几眼。

我笑了。作为采访中的一个插曲，我也没放在心上。

过了好几天，我采访时路过武昌火车站附近，结果我大老远就看到了这个少女又在街头"求助"。走近一看，少女的"职业装"没变，"道具"也没变，仍旧跪坐在地上，面前仍旧用粉笔写着一排字。

我正准备走上前去跟她开玩笑："你好！又见面了！你还记得我吗？"我突然发现，距离少女十余米的地方有个大汉正盯着少女呢，似乎是在暗中保护她。

"没错，应该是在暗中保护她。"我在内心想。毕竟记者的观察能力还是比较强的。

于是，我没敢上前跟少女打招呼，装作若无其事地走了过去。

走到较远处，我报警了，但后面的"故事"就不得而知了。

后来，我又有意识地蹲点观察了一些"跪求路费""求钱吃饭"的年轻人，发现他们十之八九都是"职业乞讨"。

再后来，我走了不少城市，看到了不少所谓的乞丐和求助者，但我几乎没有伸出援助之手。不是没有爱心，实在是街头乞讨者绝大部分是职业的，或是骗子。

其实，仔细观察那些"跪求路费""求钱吃饭"的年轻人，便可以发现：他们眼睛里哪里有一点点走投无路、需要救助的眼神？！再说那些"疾病缠身""家庭不幸"的乞讨人，他们哪天不是在同一个城市、同一个地点乞讨？！

人应该有羞耻之心，应该是除了乞讨别无他法才出此下策。试问：那些年富力强、手脚齐全的人，完全可以卖苦力，打短工，何必在街头乞讨呢？对于这种人，是否还要热心相助呢？

那年我去柬埔寨小吴哥城，看到一个妇女怀里抱着一个头明显偏大的孩子，坐在景区入口处不远的地方，面前放着一只碗。在柬埔寨，很少见到乞讨者。我相信这个妇女真的是山穷水尽了，便轻轻地放了一美元到碗中，妇女边点头边用当地话向我表示感谢。

过了大约一个小时，我从景区出来。此时天色已晚，晚霞美丽异常，该妇女正准备回家。她突然见到了我，向我报以一个感激的微笑。

这是我见过的最动人的微笑。

再回顾我们身边的乞讨者，你这一秒给他钱，下一秒他就不认识你了。何其悲哉！

不知为何，我当初没有报道“少女跪求返乡路费”的事儿，或许是题材太旧了，媒体早已报道了太多假乞丐。不信，你在网络上检索检索？

与“黄牛”过招

那些站在路边兜售火车票的妇女，是倒卖火车票链条中最底端的一环，没什么法律观念，只是从中赚点“辛苦费”。她们该不该接受法律的惩罚？

某年春节前夕，我准备乘坐火车从某省会城市回老家过年。由于临时有事儿要推迟回家，我便把自己购买的卧铺票原价转让给了他人，再去火车票代售点购买，结果工作人员称“票早卖光了”。

我心想，或许是售票点拿不到票，或许是售票点故意不卖票，于是我决定便到火车站碰碰运气。走进售票大厅，我愣住了，只见大厅里人满为患，购票的队伍排得老长老长。我压根儿不相信没火车票了，毕竟我没有限定回家日期。然而，好不容易排队到售票窗口，工作人员亦称“未来几天的票都卖光了”。

我这才意识到，春运购票难，回家难，后悔不该推迟回家。走出火车站，不时有站在路边的妇女对着我说：“要买火车票吗？”我一向对路边兜售没有好感，便没有理睬。然而，每走几步就有人问我是否要火车票，我意识到她们是“黄牛”。我心想：她们真的有票吗？打击“黄牛”的呼声一年比一年高，难道她们就不怕吗？最终，我在一个妇女面前停了下来，于是有了下面的对话。

“有到武昌的火车票吗？”我试探着问。

“有！”该妇女答！

“什么车？多少钱一张？”我接着我。

“加班车，200 元。”

“可以让我先看看票吗？”

“票没带在身上，你要买就跟我一起去拿。”

说实在的，那一刻我真的心动了：一票难求，能顺利回家就好，多花一点钱也没关系。那时，我刚参加工作，收入较低，没想过奢侈地坐飞机回家，也没有熟人在火车站工作。犹豫了一阵子后，我决定在“黄牛”手上买票。

我紧跟着该妇女走了一段路，来到了火车站附近的一个小胡同，弯弯曲曲且里面没什么人，我有点紧张了：该不会是骗进来抢劫吧？正思索着，该妇女对我说：你就在这里等，我去取票。

十余分钟后，该妇女走出来了，来到我跟前，从裤子口袋拿出两张票捏在手上，示意一手交钱一手交票。我扫了票一眼，果然是到武昌的票，便掏出 400 元购买了两张票。

拿到票后，我看了看票面价格，才 50 多元！“黄牛”真够黑的！

回到家后，我越想越气：一个记者通过正规渠道买不到火车票，还要到“黄牛”手中买高价票，说出去多丢人啊！记者都买不到票，那些外出打工的农民工能买到票吗？要不是这些“黄牛”扰乱市场，春运回家哪会有这么难！

我报了警，向警方仔细描述了这名妇女的衣着和长相特征。半个小时后，警方来电说，售票妇女已经抓获，但在其身上没有搜到火车票，请我到派出所辨认和做笔录。

我向家人简单交代了一下，便只身前往派出所，一眼就认出了那名卖票的妇女。那时，我尚未申领记者证，便先向办案民警递上了名片，然后详细叙述了买票整个过程。

民警接过我的名片后，大致以为我是在暗访“黄牛”倒卖火车票，打起了十二分精神来审讯。然而，该妇女口很紧，坚决否认自己倒卖火车票，办案民警也没有招。毕竟，没有任何证据证明该妇女在倒卖火车票，没有录音、没有照片，连一张火车票都没搜出来，而我的口述只是一面之词。

仔细审讯了半天，办案民警找到一些破绽，撕开了一点小口子，该妇女承认了倒卖火车票，但过了一会儿又否认。渐渐地，我在一旁也看出了门道：这些在路边售票的妇女只是倒卖火车票链条中最底端的一环，没什么法律观念，只是从中赚点“辛苦费”，真正的“大鱼”都藏得很深，你根本抓不着。审讯到最后，该妇女的心理防线崩溃了，哭着哀求放了她。我也动了恻隐之心，毕竟是混一碗饭吃，便向民警表示此事作罢吧。

后来，该妇女的有关亲戚来到派出所，把400元火车票钱退给了我，2张火车票则被没收了。

据民警说，按有关处罚规定，该妇女估计要蹲在派出所过年了。

后来的事儿，我没有继续跟进，也不知道该妇女倒票的事如何收场。有时，觉得这个妇女那天碰到我真的是“倒了血霉”，内心为此内疚不已，但想想那些为买一张火车票而折腾揪心的人们，我不免又对所有参与倒票的“黄牛”恨得牙痒痒的。

旱厕里惊见竹片

透过坑位可以清楚地看到便池，却发现便池内竟然十分“干净”，只是横七竖八地躺着数十根光滑的竹片，难道是大厕后使用竹片？

过去，我一直以为自己对农村孩子的生活“门儿清”，毕竟我生于农村，长于农村，小学和初中也是在乡村学校读的，而且还经历过撤点并校。此外，我还拥有乡村典型式的童年，上树掏过鸟蛋，下河摸过鱼儿，河堤边玩过各种儿童游戏……然而，几次走基层后，我发现自己对于农村的认识依然有不少盲点。

2007 年，记得有一次，我到福建某地区的一个教学点采访，学校位于海边的一个渔村，只有两三个老师，十来个孩子，主要采取复式班教学，教师则是包班教学。由于要深入采访，我在学校呆了整整一天，其间难免要上厕所。经指引，我找到了位于操场东南一隅的一个低矮的旱厕，只见左右两块木板门有气无力地歪斜着，门旁的实心砖上分别刷着“男”“女”字样。走进男厕，只见其内有两三个坑位，透过坑位可以清楚地看到便池。

突然，我发现便池内竟然十分“干净”，连一张纸也没有！在我的记忆中，上世纪八九十年代，我们家乡农村人上厕所一般使用书报，后来生活条件改善后逐渐改用卫生纸。现今，人们上厕所基本上是用优质卫生纸了，使用书报的人极少了。为何便池内连一张纸都没有呢？

我仔细一看，便池内横七竖八地躺着数十根光滑的竹片，难道是上厕所后使用竹片？我心里充满了疑惑，但没敢往下想，毕竟 21 世纪的第一个十年都快过去了！

采访快结束时，我一直有一个冲动：塞几百元给校长，让他给孩子们买点卫生纸！但我没勇气这样做，我有顾虑：别人怎么看我？当地教育部门领导会不会难堪？后来，我了解到，不少记者在贫困地区采访时，也有捐钱捐物的冲动，但碍于情面克制了冲动，回来后又后悔不已。

不得不说的是，的确有些地方教育局和政府部门不愿意接受捐赠，不承认穷，怕失了面子，影响了政绩。2012年底，中国迎来28年来最冷的冬天，如何让南方中小学师生温暖过冬一事引起媒体和社会爱心人士的广泛关注。《中国教育报》记者在采写“关注寒湿南方师生过冬特别报道”时，就曾屡屡遇到某些教育行政部门的婉拒。有的推诿说不了解情况，有的怕麻烦不愿揽事，特别是有一位官员竟然说出这样的话：“一直都是这样冷的，你们这不是没事找事吗?”

所以说，在一些贫困地区，记者给贫困儿童捐款，本是一片善心、一个善举，但当地教育部门有可能认为记者做法是在扇其耳光，让其难堪。

后来，我读到《中国教育报》一记者在博客上写的一篇文章，大致内容是：在基层采访，他看到一个小学生的铅笔短得握不住了，就用一根小木棍绑住继续用。于是，他准备给些钱让这位小学生买学习用具，打开钱包，只见里面装有一张5元和数张100元的钞票。稍微犹豫了一下，他拿出了那张5元的钞票。采访归来，他非常后悔当时没有拿出100元，内心自责不已……

我被这个真实的故事深深打动了，同时也自责做好事时顾虑太多，比如连捐个卫生纸钱的勇气都没有。

我常以为，上大厕用竹片擦屁股只是个案，而且随着生活水平的提高或许已经用上了卫生纸。不料，2012年我在《福建教育》上看到福建尤溪陈仁德老师的一篇文章，文中说一些小学生习惯不良，上大厕用竹片擦屁股……至此，我才发现个案一说实在是自欺，安慰自己的“童话”破灭了。

还有一次，我来到某地区一个靠海的渔村，采访一对辍学返校的姐妹。渔村离乡镇政府只有一两公里路，与热闹的街道相比显得异常冷清。说是渔村，其实也就是二三十户以讨海为生的渔民，在海边用木头搭建的高低不一的木头房子。这些房子都建在滩涂上，用一根根木桩支撑着，有点类似江南水乡的吊脚楼，只是这些木头房子四周都是“吊脚”。

走进这对姐妹的家，我仔细参观了一下房子的结构：房子大门外左边是厕所，过道是厨房，进门后即是客厅，客厅对面是储物间兼次卧，客厅旁边是主卧，整个房子大约只有10平方米左右！所谓厕所，就是在木板上挖一个洞，排泄物直接流入滩涂上；所谓主卧，就是直接在木板上铺上被褥，没有任何陈设。

其时，这对姐妹正和两个渔民的孩子在客厅席地而坐，用硬皮纸给新领到的课本包封皮。这对姐妹说，爸爸出海打鱼去了，妈妈在一个餐饮店当洗碗工，平常没有大人照顾，基本上是和小朋友们一起玩。

我在内心暗自高兴：幸好她们重返校园读书了，要不呆在这局促、狭窄的家里有什么好玩的！这时，陪同采访的相关人士告诉我，辍学的孩子哪有时间玩，基本上都是帮助家里干活，比如编织渔网、学种紫菜。

这些孩子往往七八岁才上小学一年级，而且经常辍学，她们的上学路究竟能走多远？我不得而知！我也不敢想象！

走基层，我不时感到无助和无奈，手中的笔似乎也很无力，常常想为社会底层的孩子们做点什么，却又不知道该怎么去做。

当然，我在基层也见到了许多农村人脱贫致富的例子，他们开始重视教育，不让孩子再像父辈一样吃不识字的亏。我也完全相信，随着社会的进步，人们生活水平的提高，农村孩子们的生活和学习条件会逐渐得到改善，长大成为社会栋梁之才。

再忆建瓯延期高考事件

教育新闻报道，往往侧重于报道“教育内涵”，要体现“专业报道”，其报道内容应该营造积极的舆论氛围，给予教育工作者启示启发，起到教育育人、引导人、激励人、鼓舞人的作用。

自报道建瓯延期高考事件后，我一直没有对此次报道进行总结反思，再忆起来却有点“恍然如梦”的感觉。

那是 2006 年 6 月 7 日下午，我到福建省教育厅办公室了解全省高考第一天的情况，以便发一个“高考平稳和谐”的稿件。印象中，省教育厅办公室也给新闻媒体准备了一个通稿，通报全省高考的大致情况。

在交谈中，时任省教育厅办公室主任肖铮同志表示，各地高考都很顺利，只是建瓯市由于发洪水而延期高考了。

当时，我的身份还是实习记者，到福建工作还不足 3 个月，各项工作都还在熟悉中，很难谈得上独当一面！我当时也没有“闻”到“延期高考”的分量，但还是懵懵懂懂感觉这个事儿不小！

于是，我立即给时任《中国教育报》记者部主任安俊芷女士挂电话，专门汇报了建瓯延期高考事件。

安主任在电话那头当即告诉我：第一，这绝对是重大新闻事件。这是自 1978 年恢复高考以来，全国各地高考首次延期。重大新闻事件关注度高，新闻价值大，往往能出新闻精品。曾有一年，广西某地也是发大洪水，高考试卷无法通过陆运和水运的方式运送进去，广西记者站记者周祖臣同押卷人员一起乘坐冲锋舟前往，赶在高考前把试卷送达指定地点。广西的事儿还没有延期高考重大，但周祖臣记者还是写出了一组漂亮的文章。第二，《中国教育报》在这个事件上绝对不能失语。作为驻站记者，要立即赶往现场，着重报道建瓯市、南平市、福建省如何全力以赴抗洪救灾，筹备再次举行高考。

安主任还在电话中对我进行了鼓励动员，同时提醒我要注意人身安全，要携带腹泻、中暑等常用药品，并自带一些干粮和矿泉水。

经请示，领导同意我只身前往建瓯。考虑到天色已晚，且前往建瓯的道路或被水淹，或被山体滑坡阻挡，我决定第二天一大清早出发。

当天，我便根据采访笔记和有关素材，写了一则题为《教育部已同意建瓯洪灾区择期组织考试》的消息发到报社，第二天在头版见报了。

话说6月7日当天，福州也是典型的台风天气，狂风大雨。当晚，我呆呆地坐在电视机前收看福建电视台实时播报全省各地防抗台风情况。我对建瓯灾情的严重性没有直观感觉，尽管已经从南平市教育局提供的材料上获悉：建瓯市连日下大雨，降雨量达200毫米以上，乡镇通讯中断。至今天上午7时，建瓯市城区被淹水位高达1米以上，最深处达2米多，且仍在降雨。

说实在的，由于从没去过建瓯，也没采写过洪灾的报道，内心多少是有些不安的。脑海中一直幻想着：假如汽车在一边靠山、一边是悬崖的公路上，突然发生山体滑坡把汽车冲下悬崖，该咋办？应该说，这种可能性极小，但不能说没有这种可能。

以忐忑不安的心情去睡觉，但终因过于疲劳入睡。

6月8日天刚蒙蒙亮，天空仍然下着雨。我拎着行李下楼打车，前往福州汽车站。售票员告知，由于洪灾，建瓯尚未通车。我便决定先赶到南平市教育局（建瓯市归属南平市管辖——作者注），一方面向他们了解相关情况，一方面请他们协助前往建瓯。

车上，我联系南平市教育局，获悉福建省教育厅成立的“建瓯延期高考指挥小组”也将于中午时分到达南平。同时，由于山体滑坡和道路被淹的原因，只能选择乘坐火车前往建瓯。

于是，我在南平市与该指挥小组一同乘火车赴建瓯，原本40分钟的车程，因多处山体滑坡，我们竟在火车上呆了8个小时之久。有些山体滑坡是在火车前行中临时遇到的，有关方面派出的挖土机也沿着火车线路开，以便随时把掩盖在铁轨上的土移走。

该指挥小组在火车上也没闲着，了解灾情，商讨对策，部署工作。我也没闲着，正好得便采访这些“决策人员”。真是近水楼台先得月！

火车上，我用手机彩信写了一则题为《福建全力准备建瓯延期考试工作》的消息，介绍福建对建瓯洪灾的应对及如何筹备延期高考。与我所料一样，报社在第二天的报纸一版位置予以刊发了。

抵达建瓯已近深夜，洪水已经基本退去，但城区仍有大量积水。第二天上午，我在前往建瓯市教育局的途中看到，沿街的房子墙壁上的水渍印普遍有一两米之深，市教育局办公楼第一层的墙壁上的水渍印竟然接近天花板了！

可见，6 月 6 日、7 日的洪水是多么的大！庆幸的是，由于教育部门处置得当，没有师生在洪灾中身亡。

后期的采访，我几乎和指挥小组“捆绑”在一起，他们走到哪里，我跟到哪里，连吃工作餐都在一起，似乎成为指挥小组的一个成员。当然，我除了在一旁听、看外，也特别注重采访建瓯市教育局的负责人和有关工作人员，试图还原延期高考之前和期间发生的一些故事，以及教育部门的应对与措施。我还深入学校、学生住宿酒店采访，看看师生如何为即将到来的高考作准备，听听师生对延期高考的看法。

这里面还有一个小插曲：在建瓯住宿时，我被安排与福建省教育厅监察室主任科员石少龙同住一个标间。石少龙在时隔几年后告诉我，在尚未明确、宣布延期高考前，所有人员都是想尽各种办法、克服各种困难力争高考如期举行。其中，建瓯七中在远离市区的东峰镇，因洪灾影响，高考试卷无法正常送达。而他，就是奉命护送高考试卷去建瓯七中的工作人员之一，但出于工作保密性和试卷安全性，他最终选择了缄默不言，尽管当时“几次都想跟你说试卷的护送过程”。

事实上，由于“人和”，我的采访工作异常顺利，而且比其他媒体获取新闻信息的渠道更畅、速度更快、内容更准。

在建瓯采访的一个多星期里，我发表了一系列的“当日讯”，且于延期高考结束的第二天发表了以我主笔的长篇工作通讯《为了 4681 名高考生——福建建瓯 2006 延期高考备忘录》。这篇通讯获得过多个全国、省级新闻奖项，还被一些杂志、网站广泛转载。

当年，“桑美”台风正面袭击福建省福鼎市沙埕港，经济损失惨重，我于开学前夕前往福鼎市采访，发表了工作通讯《天灾阻挡不住求学路》。这次的报道采写工作，我就显得从容、沉稳了许多。

当然，类似于延期高考的重大事件，对于负责教育领域报道的记者来说，可遇不可求。

教育新闻报道，往往侧重于报道“教育内涵”，要体现“专业报道”，其报道内容应该营造积极的舆论氛围，给予教育工作者启示启发，起到教育人、引导人、激励人、鼓舞人的作用。

所以，从某种意义上说，教育新闻的采写对采访技巧要求并不高，它重在采访后的梳理提升，经验总结；教育新闻所涉及的故事的可读性、趣味性等不及社会新闻，但它所产生的实际价值往往比所谓的有“轰动效应”的社会新闻价值大。比如，教育记者报道“免费营养早餐”“学前教育免费”等工作，不仅可促进当地政府持续落实好这些惠民政策，而且会促进周边县（市）、该省乃至全国相继出台类似的惠民政策。这样一来，受益者就像滚雪球一样越滚越多，惠及千千万万的学生和家长。这比报道一般性的“烧杀抢奸”新闻更为实用，更有意义。

附文：

为了 4681 名高考生

——福建建瓯 2006 延期高考备忘录

本报记者肖铮　王亿钦　实习记者　龙超凡

福建建瓯遭遇 50 年一遇的洪水，交通中断、考场被淹，高考被迫延期。

此次建瓯能否顺利举行延期高考，将是对延期高考可行性的一次探索与检验，也是对政府部门处理突发事件能力的一次考验。

6 月 14 日，福建建瓯，天空飘起了毛毛细雨。

下午 5 点整，一道铃声响彻校园，建瓯三中考点的考生面带笑容陆续走出考场，该考区 4681 名考生除 28 人因保送、出国留学和体检不合格外，4653 人参加了考试，延期 6 天举行的高考画上了圆满的句号。

见到这一幕，建瓯市教育局局长陈雄感到很欣慰。在他眼里，只要考生能顺利高考，无论如何辛苦都值得。几天来，当洪水来临、当考卷无法送达、当考生安全系于一线、当高考被迫延期，陈雄的心一次次提到嗓子眼，他深深体会到担心、牵挂、紧张、焦急的滋味，如今与各级领导和同事一起力斗洪魔的情景依然历历在目。

建瓯日前遭遇 50 年一遇的洪水，交通中断、考场被淹，高考被迫延期。这是自 1978 年恢复高考以来，我国首次高考延期。消息一传出，备受全国上下关注。有关人士称，此次建瓯能否顺利举行延期高考，将是对延期高考可行性的一次探索与检验，也是对政府部门处理突发事件能力的一次考验。

8 日清晨，本报记者冒着大雨前往建瓯，在道路多处塌方、山体大面积滑坡的情况下，历经 15 个小时到达建瓯市。在一线采访的几天里，记者先后参加了教育部门十余次紧急会议，走访了所有的考点，亲眼目睹了复考的整个准备过程，采访本上记满了一个个真实而感人的故事。

水淹城区　确保高考如期举行

6 月 6 日，注定要写入建瓯高考的历史。由于连日大雨，建溪、松溪河水猛涨，致使建瓯市区水位高达 103.95 米，超危险水位 7.95 米，而大雨依然无休止地下个不停。这天下午，两河的水开始漫进城区，全市水电中断！情况紧急！

“三中考点要进水了！”

“六中考点已经进水了！”

“建瓯至东峰路段多处山体滑坡，367 名东峰考生无法送进城参加考试！”

一个接一个的电话打进建瓯市教育局，而且一个比一个紧急！

灾情严重！考生还能参加考试吗？

能不能延期考试？教育局立即向建瓯市委、市政府请示，得到的答复是想方设法确保高考如期举行。

建瓯市教育局立即启动高考紧急预案，成立了汛期高考工作指挥部，下设五个工作小组，即财产转移保护组、信息组、后勤保障组、安全组和考务组。所有局领导都披挂上阵，担任各组组长，各司其职。

一场分工明确的抢险行动开始了。建瓯三中要进水，教育局立即把三中考点调整到地势较高的峻德中学，并指挥马上开始考场的重新布置；为将东峰 367 名考生抢运进城，立即调集铲车前往受阻地清理土方，但因道路多处被淹，教育局只得令车辆返回，并立即请求增设了建瓯七中考点。同时，通知因下乡被困在东峰镇的建瓯教育局副局长陈泉和负责建瓯七中的考场安排布置、监考老师的抽调与培训等工作。

一切准备工作紧张有序地进行着。但到傍晚，城区有65%的面积被淹没，最深处达6米。是否要向上级申请延期考试？指挥部召开第三次紧急会议，确定了“不惜采取一切措施，力争高考如期进行”的奋斗目标。

教育局也被洪水围困，晚餐有的只吃了半碗快熟面，有的只喝了几口牛奶，他们顾不上饥饿和休息，找来几件干净的衣服，便投入了紧张的工作中。

天色越来越暗，几支蜡烛跳跃着微弱的光芒，教育局各办公室和楼梯上下闪动着匆忙的人影，只有此起彼伏的电话铃声才让人感觉到这里正成为各级领导和全市老百姓关注的热点。

一条条信息传进来。“最高洪峰将在今天晚上11时到7日凌晨2时，城区水位可达104.5米。”“你们那里的情况现在怎么样？”“从南平调运的9部冲锋舟到位了。”“街道都淹没了，明天我们怎么去参加高考呀？”“我们这里水就要淹到二楼了，明天高考还能如期开考吗？”……

一条条信息传出去。“请领导放心，不到最后，我们决不放弃！”“请大家放心，今天晚上，我们共同努力，高考一定可以如期举行！”……

而此时，南平市教育局灯火亮堂，局长张文铨守在办公室，密切关注着电视上关于建瓯水位情况的报道，并时刻听取建瓯的情况汇报。

由于建瓯七中在远离市区的东峰镇，高考试卷必须连夜送达。7日凌晨3点，保密员、冲锋舟和武警到位，陈雄斩钉截铁地发出命令：“无论如何，一定要在开考前把试卷送达建瓯七中！”

其时，大雨瓢泼。由于教育局一楼被淹，包扎严实的试卷只得用绳子从二楼一捆捆放下去。4名保密员小心翼翼地抓住窗户，身体一点点往下探，不一会儿，他们全身已被雨水浇透。风雨交加中，他们坐着冲锋舟朝位于乡镇的建瓯七中前进……

此时，教育局会议室内烛光闪闪，局领导和省巡视员紧张地商议预备方案。

申请延考　考生安全放在首位

“高考对于考生来说实在太重要了！不能出现丝毫差错！”省市领导

的叮嘱时刻敲打着建瓯教育局每个人的心。

若洪水退去了，该如何保证9点顺利开考？若洪水没有退去，又该怎么办？教育局指挥部30余人彻夜难眠。

两个方案在讨论中出炉：第一方案是若水退去后，立即调动一切可调用的人手清理、准备考场，且赶在9点前完成，同时出动所有公交车免费接送考生。

而第二方案则是申请延期考试，然后做好复考准备。这两个方案，不仅具体落实到人，而且每一个环节都备用小方案。

然而，窗外的大雨并没有洞悉这一切，仍不依不饶地下个不停。

7日凌晨6点，教育局的电话就响个不停，有询问的，有求助的。由于没有接到上级关于延期考试的通知，教育局只得通知家长想办法送考生进考场。

而此时，建瓯5个考点有3个考点被淹，水深达1米多；而通往建瓯三中的道路，水深近2米。原先备用的20余辆“高考专用车”完全派不上用场。只有10余辆冲锋舟来回行驶在主要交通路口与考点的路上。

在路口，几千名考生和家长争着往冲锋舟上挤，好几次冲锋舟差点翻了。望着黑压压的人群，南平市教育局副局长郑用清估计，9点前完全不可能将每一位考生安全送达考点，他焦急不已。

陈雄透过窗户，看到一些家长正行走在浑浊的污水中，用门板、竹排甚至脚盆托住考生往考场赶，凶险万分，而雨水几乎淋湿了考生全身。

这样能保证考生的安全吗？出了意外怎么办？即使考生赶到考场，全身淋湿了还能考好吗？一连串的疑问敲打着陈雄的心，经讨论，他立即打电话向上级请求延期高考。

建瓯市委书记卓立筑接到电话后，立即致电南平市委书记徐谦、市长陈桦；南平市又立即致电福建省招委会和省教育厅厅长鞠维强。福建省招委会同意了建瓯延期高考的申请。随后，鞠维强立即向教育部考试中心、福建省向国务院申请汇报。这层层上报过程不足30分钟。

7点，建瓯市教育局通过手机、电话紧张地通知学校、考生及家长，他们知道，哪怕多延误一秒，就可能会多发生一起事故。

“这真是一个救命电话!”不少考生和家长这样说。

此时，前往建瓯七中送考卷的杨建强等人正焦急万分，他们被阻挡在一个山体大滑坡处，卡车过不去，冲锋舟也过不去。眼看时间一分一秒过去，他们便轮流背着试卷向考点跑。接到通知后，杨建强等4位保密员顿时瘫倒在地。

教育部高度重视建瓯高考延期一事，连夜召开紧急会议，经缜密讨论，同意了建瓯延期考试的申请，要求福建省启动突发事件应急预案，该考区择期组织考试。

复考准备　凡事想在前做在前

建瓯高考延期的消息，牵动着国务院、各级政府部门领导的心。温家宝总理7日当天作出“做好建瓯延期高考的各项准备工作”批示；福建省委书记卢展工、省长黄小晶随后也作出批示。鞠维强7日下午赶到建瓯，亲自指挥延期高考准备工作。

8日，大雨依然，前往建瓯的公路多处塌方，火车也因山体滑坡停开。但是，黄小晶仍坚持赶到建瓯，视察了汛情，并对延期高考提出“三个确保”的要求，即确保无一考生因自然灾害缺考、确保考生复考来去安全、确保考试平稳有序。

同一天，省教育厅成立建瓯延期高考指挥小组，当天便启程奔赴建瓯。本报记者在南平市与该小组一同乘火车赴建瓯，原本40分钟的行程，因多处山体滑坡，竟在火车上呆了8个小时之久。

令人欣慰的是，在延期考试时间尚未确定的情况下，建瓯的各项准备工作正有条不紊地进行着：武警、预备役民兵前往三个进水考点帮助清淤；4辆消防车前来清洗校园；卫生部门随后消毒杀菌完毕；电力部门修好变压器，各考点供电正常，交通部门也修通了公路、铁路……

最让领导们牵挂的是考生。建瓯市把考生的生命安全放在第一位，按照凡事“想在前做在前”的要求开始工作。为防止考生在回家路上不安全，建瓯市安排考生集体住宿舍，宿舍被淹的则统一安排住招待所；为防止考生在外吃饭感染疾病，建瓯市安排考生集体在食堂吃饭，并补助伙食费……

由于部分考生对延期高考的政策不了解，情绪有些不稳定。为此，9日上午，省教育厅指挥小组召开省、市、县三级会议，明确了B卷与A卷有“五个一样”：命题教师一样，试卷难易一样，试卷题型一样，试卷分值一样，试卷评分标准一样。会议一结束，省教育厅副厅长刘宏伟等人就马不停蹄地奔波于5个考点，向考生宣传，与考生聊天谈心。当天，建瓯市电视台也滚动播出“五个一样”……

考试时间一天没确定，考生及家长都不安心，建瓯市教育局领导也有顾虑。10日上午9点，市、县两级招委会负责人在建瓯市教育局现场签字同意13、14日举行复考；随即，建瓯市教育局将申请分别传真给省招委会和教育厅，尽管是星期天，省教育厅立即批复同意，然后向教育部申请，当天18时就得到批准。

就在发出申请的同时，建瓯市教育局就开始紧张地草拟《致高考考生的一封信》、电视稿、广播稿。18时，当一接到批准通知，他们便立即在拟定的通知上填上复考时间，连夜发出通知。当天的电视、广播也滚动播出考试时间。

11日，久违的太阳出现在建瓯上空，街道上灰尘横飞，空气里还弥漫着刺鼻的臭味。教育局不少干部扛着铁锹走到街上，参加全市爱国卫生运动，为考生营造良好环境。为防止考生路上不安全，教育局专门组织了20辆中巴车，前往东峰中学接367名农村考生，然后安排统一住宿。

交通、卫生、电力等部门连日来全力配合，一切准备工作就绪。12日，建瓯教育局仍召开会议，检查反思每一个环节，他们甚至还为每个考场准备了2B铅笔、黑色签字笔、橡皮、矿泉水……

13日、14日两天的高考，并没有因为延迟6天而变样，一切是那么地平静。而这，正是福建省各级领导和群众最想要的答案。

两天的高考结束了，鞠维强提着的心终于放下了。他在接受记者采访时说，建瓯延期高考之所以能顺利举行，得益于突发事件预警机制的建立，得益于各级政府部门齐心协力、密切配合。由于预警机制已对可能出现的一切突发事件作出相应处理办法，且政府各部门该做什么也有明确规定，因此面对这样的突发事件就能处事不惊、有条不紊地应对。

建瓯延期高考给我们留下了怎样的启示呢？鞠维强说，一是要发挥政府统一指挥和协调作用，二是要建立完备的突发事件预警机制，三是要动员一切可发挥的社会力量。

（原载《中国教育报》2006年6月15日）

后　记

拙作的出版机缘，也纯属是一个偶然。

今年5月的一天，我到福建省新闻出版广电局办事，乘坐电梯时遇到一个熟人，彼此都觉得对方面熟，却叫不出名字。互通姓名和单位后，才知晓“一起吃过饭”。这位熟人便是福建人民出版社林顶编辑。

办完事后，我应邀到其办公室喝茶，他介绍我认识其同事汤伏祥主任，结果也是熟人，也“一起吃过饭”。喝茶闲聊中，我谈到了自己尚且“养在深闺”的书稿。简单介绍书稿内容后，他们对书稿产生了较大兴趣，并被他们慧眼相中。

但是，拙作的写作并非偶然为之，而是“十年磨一剑”。早在我当学生记者时，我便有写采访札记的习惯，及时记录每一次采写经历的得失，这就是拙作的“萌芽”。后来，我在指导一些学生记者、实习生时，发现他们对真实的新闻工作知之甚少，甚至停留在“憧憬”“臆想”的状态。根据他们的苦恼与困惑，我有针对性地写了一系列答疑解惑的文章，这就是拙作的“发展”。再后来，我有意识地回忆自己在多家媒体实习的经历，梳理自己在新闻采写工作中的心得，就像体味读者需求一样体味学生记者和通讯员的成长需求，试图撰写一些浅显、易读、可学的文章，这就是拙作的“壮大”。

所以，拙作并非是无病呻吟，而是真诚地希望它能够帮助身在校园的学生记者和通讯员去圆记者梦想，真诚地希望它能够给新闻爱好者、新闻从业者、新闻院系教师以及工作中经常与新闻打交道的同志一点建议、一点启发、一点帮助，哪怕一点点也是好的。

在拙作即将付梓之际，我首先要感谢我的母校——湖北大学，如果没有母校深厚的文化积淀、没有母校师长们的谆谆教诲，我很难走上新闻这条道路。衷心感谢《湖北大学报》杨洪波编辑、黄宏世编辑，谷岳飞学长、雷学平学长的悉心指导与帮助；衷心感谢时任《湖北大学报》学生记者洪兵、宋韧、杨万国、杨贵铣、徐海涛、朱莹莹、李君等好友的勉励与支持，怀念与你们一起在湖大琴园“新闻战线”上奋战的激情岁月。

在我踏出校园“拜师学艺”的道路上，我得到了许多媒体前辈、老师无私的关爱与指导。特别感谢时任《中国教育报》湖北记者站站长刘新其先生、《中国教育报》湖北记者站记者程墨先生的精心栽培与指导；衷心感谢《湖北日报》记者杨丹枚、时任《楚天都市报》记者向勇、《楚天都市报》记者陈俊旺、《武汉晚报》记者翁晓波、时任《楚天金报》记者雷宇的指导与帮助。

在拙作的写作与出版过程中，我幸运地得到了许多领导、师长和朋友的鼓励与帮助。衷心感谢肖铮、陈晓风、王亿钦、曾志宏等领导对我工作的关心与指导；衷心感谢福建师范大学福清分校党委书记潘玉腾教授对我的关爱与勉励；衷心感谢福建师范大学郭丹教授、袁勇麟教授在本书出版方面的指导与支持；衷心感谢福建师范大学协和学院林美貌老师、林响老师，福建农林大学金山学院林恩文老师帮助我录入、整理了部分文稿；还要感谢所有关心我成长与进步的领导、老师和朋友；最后还要感谢我的夫人陈铭女士的无私奉献、女儿龙习之小朋友的天真无邪和“插科打诨”，使我能全身心投入到工作中去。

由于水平有限，本书难免存在疏漏与不足，敬请方家批评指正。

龙超凡

2014年5月于福建福州蓑钓斋